工匠吴玉泉

陈志荣　著

中国科学技术出版社

·北　京·

图书在版编目（CIP）数据

工匠吴玉泉 / 陈志荣著 . -- 北京：中国科学技术

出版社，2021.12（2024.7 重印）

ISBN 978-7-5046-9104-0

I . ①工… Ⅱ . ①陈… Ⅲ . ①吴玉泉—传记 Ⅳ .

① K826.16

中国版本图书馆 CIP 数据核字（2021）第 136074 号

策划编辑	符晓静　齐　放
责任编辑	符晓静　齐　放
正文设计	中文天地
封面设计	孙雪骊
责任校对	邓雪梅
责任印制	李晓霖

出　　版	中国科学技术出版社
发　　行	中国科学技术出版社有限公司
地　　址	北京市海淀区中关村南大街16号
邮　　编	100081
发行电话	010-62173865
传　　真	010-62173081
网　　址	http://www.cspbooks.com.cn

开　　本	710mm×1000mm　1/16
字　　数	185千字
印　　张	15.25
版　　次	2021年12月第1版
印　　次	2024年7月第2次印刷
印　　刷	唐山富达印务有限公司
书　　号	ISBN 978-7-5046-9104-0 / K·297
定　　价	79.80元

技可进乎道

——《工匠吴玉泉》序

"技可进乎道，艺可通乎神。"被誉为"睁开眼睛看世界第一人"的魏源，早在 19 世纪上半叶，在他的著作《默觚·学篇》中，就这样阐述了技艺精进的可贵。当一位工匠拥有一项技艺，在完成基本修炼的基础上，达到技法的精熟之后，如果再继续精益求精、深修其行，就能逐步触及"道"的境界，进入领悟"天地规律"的层次。

作为启蒙思想家的魏源，以这样一句名言金句，完美阐述了工匠精神的至高境界。

改革开放以来，随着制造业的兴起，中国逐步成为工匠大国，工匠精神日益深入人心，大国工匠不断涌现。工匠精神，表现为一种职业精神，而本质上是专业精神；它熔铸了精良的职业道德、专业能力、从业品质、价值取向；它崇尚卓越、追求极致，它是"敬业与求精齐飞，持守共创新一色"。"中国制造"离不开工匠精神，离不开工匠技艺。

在中国浙江杭州，国家级技能大师吴玉泉，就是一位具有代表性的工匠大师。陈志荣先生所著的《工匠吴玉泉》一书，由中国科学技术出版社出版，全方位展示了这位工匠大师的风采。

一

"何处潮偏盛，钱塘无与俦。万叠云才起，千寻练不收。"2019年10月1日，在《杭州日报》的"庆祝新中国成立70周年特刊"中，在占据了两个版面的重大评论"吴山平"文章《致敬伟大祖国》中，有一部分阐述杭州人"勇立潮头"的精神密码——"杭铁头"精神，其中一段论及"杭州工匠"，就提到了"甘做技术蓝领的水轮发电机改造技师吴玉泉"。"杭州工匠"迄今共评出90名，他们是知识型、技能型、创新型工匠的典范，是"中国制造的脊梁"。"事业都是靠人干出来的，人对了，事业才会对"，吴玉泉就是"对了"的人。

2019年9月19日，杭州工匠学院宣告成立，吴玉泉等6位在杭州的国家级技能大师，获聘杭州工匠学院特聘教授。作为教授级高级工程师，吴玉泉这辈子最大的心愿，就是把身上的技术传承下去；成为特聘教授，他就可以为杭州工匠学院"创新协同培育模式、传承绝技绝活、孵化拔尖技能型人才、提升产业工人技术技能"发挥独到的作用，进一步为行业技术进步提供技术支撑，为产业创新发展提供人才储备。

吴玉泉是杭州富春江水电设备有限公司董事长。"天下佳山水，古今推富春"，公司地处杭州市富阳区钱塘江的中游——美丽的富春江就在不远处静静地流淌，附近则是拥有杭州唯一地质溶洞灵山洞的杭州西山森林公园。吴玉泉以工匠精神，在江水泱泱的富春江畔，在水电设备技术领域，描绘了一幅非同一般的现代"富春山居图"。

他是国家级技能大师工作室领衔人、浙江省技能大师工作室领衔人、杭州市技能大师工作室领衔人；他是国家级技能大师、全国技术能手、水利部大禹杯二等奖获得者；他是浙江省首席技师、浙江"万人计划"高技能领军人才、浙江省五一劳动奖章获得者、浙江省钱江技能大奖获得者；他是杭州市首席技师、杭州市劳动模范、杭州富阳十大"百姓新闻人物"之一……

这部《工匠吴玉泉》，以流畅的笔触，谱写了工匠大师吴玉泉动人的创业史和奋斗史；让我们清晰地看到，吴玉泉是"师者"，既是技艺大师，又是传道之师。

二

1955年农历九月十七，在富阳东洲里浮沙村，吴玉泉出生在一间"篱笆作墙、稻草当瓦"的草舍中。书中以诗意的笔触描述了吴玉泉家乡的环境：

深秋时节，霜风初起，北支江边，乌桕叶红，芦苇花白。夜晚，芦苇中鸿雁群集，嘹呖干云，哀声动人。寂静的深夜，"哗哗"的潮水声，此起彼伏，传入里浮沙村。劳累了一天的村民，已把这沙洲特有的声音，当作了催眠曲，早早地进入了梦乡……

然而，那是在农耕社会，彼时富阳农村已经掀起"合作化"的高潮，农民的个体利益、家庭的生产积极性随即被"合作化"的浪潮所淹没。当时吴家一家六口，只有吴玉泉的爷爷和父亲两个男性劳动力，家里生活的艰辛可想而知，吴玉泉在困苦中度过了孩提时代。

入学之后，他遇到了所谓"学制要缩短，教育要革命"的时代。他读的小学五年就毕业，初中则是两年，高中还是两年。穷人的孩子早当家，吴玉泉那稚嫩的肩膀，过早地为父母分担起家庭的重担。当他走出高中校门，作为品学兼优的高中毕业生踏上社会后，先后当过农技植保员、民办教师、电影放映员。正是青年时期做过电影放映员，他对放映机的"心脏"——马达产生了浓厚的兴趣。他自学马达结构、电路知识，掌握了放映机马达的维修技术；一边放电影，一边自学电动机修理知识，他还从新华书店买来了《电机制造工艺学》等诸多书籍。工匠的雏形就是这样形成的，小小的马达，改变了他的人生。

在20世纪70年代末，改革的春风，沿着富春江悄悄地吹进了富阳农村的大地。美国福特汽车公司创始人、"汽车大王"亨利·福特曾说：一旦你有了某个好的想法，就一定要集中精力把它实现，而不是到处闲逛，一路空想。吴玉泉的头脑开始活络起来，他学习掌握了电风扇定子嵌线技术，偷偷地办起了制作电器配件的家庭作坊，把产品拿到杭州市中心浙江展览馆旁地摊市场上，摆摊叫卖。事实上，杭州的许多企业家、工匠技师，都是这样敢为人先。吴玉泉的"地下"作坊一度被罚款，还被勒令停工。

命运弄人，先人一步的吴玉泉，在1984年6月5日——端午节的第二天，遭遇了一场未曾料到的大火。那天晚上他本来在放电影，因电力不足，放到一半停电了，于是就打算回家了。不知怎么回事，因停电而点燃的煤油灯突然倒翻，他赶紧去扶，忙中出乱，脚一钩结果钩翻了一桶绝缘油漆，引发了大火；当时他被漆桶绊了一下，跌倒在地，油漆黏在身上，而夏天只穿汗衫短裤，他立刻也成为一个火人；他跑到池塘边，纵身跳入水中，当他从池塘中爬上来后，就昏倒在池塘边……整个工场都烧毁了，吴玉泉烧伤面积达80%。他被救护车送到杭州救治，经过多次手术植皮，住院长达3个月，倾家荡产支付医疗费用，最终才从死神那里捡回了一条命。

人们称吴玉泉为"九死还魂草"，可是他办的工场刚刚起飞，就被折断了翅膀。

三

这场大火将吴玉泉多年心血化为灰烬，他也成了残疾人。但是，就像叙利亚著名诗人阿多尼斯所说的：我曾遍体鳞伤，但伤口长出的却是翅膀！

工匠最宝贵的就是一种精神。正如书中所说的"吴玉泉有坚忍不拔的性格，凡是他认定的事情，无论怎样，都会去做；而且他还有一种非常坚定的信心，无论困难有多大，最终一定能克服，一定能从逆境中崛起"。

"曾经拥有的东西被夺走，并不代表就会回到原来没有那种东西的时候。"这是著有《解忧杂货店》的日本著名小说家东野圭吾在《白夜行》里说过的一句名言。有意思的是，与吴玉泉处于同一时代的东野圭吾，毕业于日本大阪府立大学电气工学专业，之后在汽车零件供应商日本电装担任生产技术工程师，业余写小说。吴玉泉曾经拥有的毕竟已经失去，那么新的"解忧杂货店"是什么？那一定是凤凰涅槃，从头再来！

吴玉泉浴火重生，重新启动事业的"马达"：1985年2月，他获批正式的营业执照，兴高采烈地挂上了"富阳县江丰民联电器配件厂"的牌子。他的工厂终于从"地下"转到公开——"他像闭憋良久的水库之水，突然抽去了闸板，奔腾而出，浩浩荡荡，锐不可当"。

那时，他的工厂主要生产电风扇配件，有两年时间生意挺好。但是到了1987年，电风扇从卖方市场变成了买方市场，库存积压严重，吴玉泉生产电风扇零件的工厂也只好画上句号。于是他走出家乡，来到富阳城区，创办了电机修理部。他从修潜水泵，修柴油发电机，甚至修补牙用的砂轮机，再到修理水泥厂的大型球磨电动机，抢修冶炼厂的高压电动机，将修理电机的技术水平发挥得淋漓尽致。

在吴玉泉的工作室里，挂着两块自制的牌匾，一块写着"做篾"，一块写着"打灶头"，两者都是中国工匠的传统手艺。"其实，修电机与手工艺有很多相似之处，最重要的就是精益求精。"吴玉泉说，"在我看来，要像对待艺术品那样对待电机。"

吴玉泉修电机的技术过硬，这让人想起历史上著名的"斯坦门茨帮福特公司修电机"的故事。1923年，美国福特公司有一台大型发电机坏了，许多专家百般努力都无济于事，最后请来德国籍工程师斯坦门茨；斯坦门茨经过悉心研究，在电机的一个部位画了一道线，指出故障所在，于是工人很快就修好了电机。那么需要多少酬金？斯坦门茨说：3000美元。简简单单画一条线就收费那么贵？斯坦门茨开了个账单：画线，1美元；知道在哪儿画线，2999美元。后来，福特公司老板亨利·福特干脆把斯坦门茨所在的那个小公司给买了过来……虽然这个流传甚广的故事，演绎的成分比较多，但其中电机修理的技术含量和工匠精神，却体现得淋漓尽致。

吴玉泉帮人修电机，往往是修好后你先用，满意了再付钱，再加上技术精湛，收费也很公平，所以大受欢迎。

事实上，吴玉泉非常爱学习、爱钻研，他喜欢走南闯北去取经。书中写道：

为了攻克电动机维修上的难题，吴玉泉还特地到上海电器科学研究所、哈尔滨大电机研究所等科研单位，自报家门，向他们请教。没有业务关系，没有熟人推荐，千里迢迢，寻上门来，那些专家感到不可思议。但还是被他求学的精神所感动，热情地接待了他。数次后，互相熟悉了，碰到难以解决的技术问题，吴玉泉就写信或者打电话给他们，专家们都乐意为他排忧解难。

工匠的技术、技能、技艺，从来都不是天生的，一定是先要通过学习获得的。也只有像吴玉泉这样的工匠，拥有"时代匠心"，不断精进，活到老学到老，才能把"蛋糕"越做越大。

有道是"聪明人用的都是笨办法"，用笨办法往往需要"洪荒之力"。在《咬文嚼字》发布的"2016年十大流行语"中，"工匠精神"与"洪荒之力""吃瓜群众""小目标""葛优躺"等一起入选。连缀这几个语词，或许可以这样说：拥有"工匠精神"，不该是"小目标"，而是大理想；拥有"工匠精神"，不能做"吃瓜群众"，必须身体力行；拥有"工匠精神"，不能是"葛优躺"，而必须付出"洪荒之力"……

总是用"笨办法"的吴玉泉，一直保持老实本分、诚信服务的良好风尚，从富阳走向全省，又从浙江走向安徽、福建、江西等省，固定客户曾达到2000多家……

四

进入 21 世纪，创新创业开始如火如荼。"为了维持不变，我们必须改变。"吴玉泉领导的企业，也实现了从维修到制造的转型升级。

2000 年 10 月 13 日，企业更名为杭州富春江水电设备有限公司。吴玉泉向前跨出一大步，进军小水电，专注于中小型水电设备的开发、设计和生产制造。

在不断钻研技术业务的同时，吴玉泉也成了一位富有开拓精神的企业家。正如书中所评价的："开拓者自有开拓者的眼光，开拓者自有开拓者的魄力。"

电动机和发电机，结构相同，差异却很大。从电动机的修理，到水轮发电机的维修、制造，技术必须"上台阶"。要掌握新的过硬的技术，只有不断学习、刻苦钻研。工匠精神，首先就体现在学习精神、学习劲头上。吴玉泉不仅参加了浙江大学水利水电专业函授学习，还在双休日到浙江大学听教授讲课，参加浙江工业大学与富阳市经济管理干部学校联合举办的远程教育学习；他还先后赴湖北、福建、湖南等地，参加全国水电站增效扩容技术培训班，学习水轮发电机的制造和修理技术……本来他早已是技术精湛的"吴师傅"，如今变成了"好好学习天天向上"的"吴同学"。通过学习，吴玉泉的人生也获得了"转型升级"。

这 20 年来，杭州富春江水电设备有限公司走过了跟小水电打交道的"三部曲"：从水轮发电机的维修开始，到机组的扩容改造，再到自己制造水轮发电机。

跟小水电打交道是很辛苦的。小水电毕竟不像三峡电厂，它们通常都在山沟沟里，比较偏远；吴玉泉往往要带三五个人去，有时候遇到复杂情况，一待就是十天半个月，甚至待一个月的时间都有。尤其是小水电机组扩容改造，技术要求非常严格，需要大量时间和精力的投入。一年365天，吴玉泉有200来天在外面，出差全国各地，除浙江外，还到安徽、江西、福建、湖北、湖南、广东、河南、河北等地；一年到头，几乎没有休息时间。

由于在水轮发电机组扩容改造中做出了突出的成绩，2008年3月，吴玉泉应邀参加广东省水利厅科技推广会，并作交流发言。截至2019年，他的公司已经为国内300多座水电站、500多台套机组，进行了增效扩容。

企业自己研发制造水轮发电机，这是迈上了新台阶。吴玉泉带领企业一班人不断学习钻研，尤其是让自己的儿子吴向荣在大学毕业后到水轮发电机制造企业实践，学习设计技术。最终，吴向荣学成归来，成为水轮发电机设计的骨干。自2013年以来，杭州富春江水电设备有限公司制造的小至160千瓦、大到6500千瓦的水轮发电机组，已有100多台套；不仅销往浙江、江西、安徽、福建、广东、湖南、湖北、山东、天津、河北、山西、陕西、甘肃、新疆等地，而且还出口到越南、南太平洋岛国萨摩亚等国家。

2014年1月7日，联合国国际小水电中心编制的《中国小水电设备企业名录》中，杭州富春江水电设备有限公司被列入其中。

吴玉泉不断学习，不断实践，并且把实践中获得的经验写成文章，先后有20多篇技术总结和论文，发表在《小水电》《中国水能及电气化》《浙江水利科技》等刊物上，或者在专业技术会议上宣读。他投身水轮机、发电机修理与制造，相继获得多项国家发明专利和国家实用新型专利。

　　"中国有句老话，'三百六十行，行行出状元'。"吴玉泉说，"一旦决定好职业，必须全身心投入，必须穷尽一生磨炼技能。我想把工艺做到极致，在自己热爱的事业上，做点成绩，即便辛苦，也没有想过放弃。"也只有做到极致，才有可能达到魏源所言的"技可进乎道，艺可通乎神"；也只有做到极致，一个企业才有可能持续存在，成为让人尊敬的"百年老店"。

　　我们知道，日本将工匠精神视为"国宝"，更是拥有全世界最多的"百年企业"，甚至"千年老店"。其背后的原因，其实也很简单，那就是长期以来，日本企业追求极致的工匠精神，高度重视永续经营，坚守创始人精神，将社会责任和顾客价值视为第一重要之事，守护好商业文明。

　　华语电影名作、台湾著名导演杨德昌的《牯岭街少年杀人事件》，长达 4 个小时，电影中场景的布置、细节的准确，都与 20 世纪 50 年代末 60 年代初的台湾完全匹配、切合；艺术家如果不具备强大的工匠精神，不可能把 4 个小时摄制得如此完美。尤其有意思的是，电影中的人物提到了在青岛当年德国人建设的下水道质量之好，那可谓是工匠精神的历史和现实之作。

　　杭州财经作家吴晓波，写过一篇影响巨大的网文《去日本买只马桶盖》，其中阐述了制造业一个非常朴素的哲学，那就是："做电饭煲的，你能不能让煮出来的米饭粒粒晶莹不粘锅；做吹风机的，你能不能让头发吹得干爽柔滑；做菜刀的，你能不能让每一个主妇手起刀落，轻松省力；做保温杯的，你能不能让每一个出行者在雪地中喝到一口热水；做马桶盖的，你能不能让所有的屁股都洁净似玉，如沐春风。"他认为，"世上本无夕阳的产业，而只有夕阳的企业和夕阳的人。"

　　那么，让产业成为"朝阳"，让企业成为"百年老店"，就一定离不开"把工艺做到极致"的工匠精神。在追求极致的吴玉泉这里，修理或制造水轮发电机，就是要让它欢快而不停地运转、运转……

五

师者，所以传道授业解惑也。

吴玉泉的公司，如今成了小水电的"黄埔军校"。

"我这个人，说到底就是喜欢技术，也爱钻研技术。技术活辛苦归辛苦，但也蛮有成就感，心里踏实、牢靠，做牢了就不想换了。我这辈子最大的心愿就是把身上的技术传承下去，培养更多的实用人才。"

吴玉泉要在自己这个领域，建立"工匠精神共同体"。这些年来，除了去学校授课，他更是在第一线直接把自己掌握的核心技术毫无保留地传授给学徒。"没有实际操作过，技术就是纸上谈兵。"2016年6月，他投资260多万元，建成了培训用的立式水轮发电机组"学习机"。经他培训的技工人数，迄今已超过1000人，培养出年轻技术人才200多人，其中50多人已经取得初级或中级技术职称。吴玉泉说："不管是院校学生，还是水电站的职工，只要肯来学习，我就会打开大门，欢迎他们进我们的实际操作课堂。"

昔日的电机发烧友"吴马达"，就这样变成了人们口中的"吴师父"。1995年起，吴玉泉带徒授艺，不但不收学费，还每天倒贴三顿饭。粗粗一算，吴玉泉用于技工培训的资金已经超过400万元。

随着"一带一路"倡议的推进，中国小水电技术，受到越来越多沿线国家的欢迎，来吴玉泉这里学习的"洋学徒"不断增加。2016年以来，吴玉泉已对30多个国家的200多位"洋学徒"进行了培训；他们分别来自斯里兰卡、泰国、老挝、尼泊尔、巴基斯坦、蒙古等国家。2017年9月初，在杭州国际小水电中心的组织下，肯尼亚、赞比亚、尼日利亚、坦桑尼亚、埃塞俄比亚、巴拿马、乌拉圭、多米尼加、格林纳达、马达加斯加等18个国家54名小水电方面的技术人员，来杭州富春江水电设备有限公司现场培训。面对"洋学徒"，吴玉泉亲自上阵，边操作，边讲解……

建一个水电设备陈列馆，作为科普教育基地，是吴玉泉一直以来的夙愿。经过多年的努力，他投入600万元，终于让梦想成真。2018年7月17日，"富春江水电设备陈列馆"获颁证书。如今更进一步，获批为民营博物馆。多年来陆续购置收藏的诸多水轮发电机设备，得以一一展示，而且还在不断丰富中。这里有来自中华人民共和国成立后自行设计建设的第一座大型水力发电站——新安江水电站的发电机定子线棒；这里有来自葛洲坝水电站的12.5万千瓦发电机的集电环、硅钢片、转子磁极线圈、转子磁极阻尼环连接片等十余件；这里有来自富春江水电站的水轮发电机转轮螺栓；等等。各年代各系列水电设备实物藏品共有300多件（套）。吴玉泉还创制了诸多趣味体验"电和发电"的项目，供参观者互动参与，笔者也曾到现场体验过，非常有意思，可以身临其境地了解"看不见摸不着"的电的"前世今生"。

传承，从来都是工匠精神的具体体现。唯有薪火相传，才能技艺不断，才能让工匠精神万世永续。

在我国，有一部大型公益文化节目《百心百匠》，记录了中国多位民间匠人，他们是非遗的传承人，拍摄和展示的模式是：请多位名人明星，去找寻匠人拜师学艺，"掏出赤诚之心，向工匠精神致敬"。

在日本，诸多"长寿企业"都是代代传承。有一家以制作高质量家具工艺闻名的"秋山木工"，是日本传统技艺中工匠精神的典范，他们对学徒要求严格，有许多"规矩尺度"。秋山木工的社长秋山利辉说过一句非常深刻的话："是否能够成为一流的工匠，取决于人性而不是技术。如果你的心是一流的，那么经过努力，技术绝对可以成为一流。"

工匠吴玉泉就是这样，为了传承，为了下一代，他不仅"动脑"，更是"用心"。

六

"桃李春风一杯酒，江湖夜雨十年灯。"吴玉泉富有情感情怀，经历过艰辛苦难的他，对国家改革开放的大时代充满感恩，对帮助过他的不同岗位上的人们充满感激。

2020年年初，一场疫情突如其来，一时成燎原之势。新冠病毒来势之汹，疫情传播之快，范围扩散之广，前所未有。吴玉泉的富春江水电设备有限公司不得不临时关门。他积极投身抗疫，参加所在的民联村的防控值勤。同时，他向村里捐赠1万元，用于防疫。书中写道：

在这场没有硝烟的战争中，吴玉泉义无反顾地站在抗疫第一线。民联村开始时在15个道口设卡，后改为6个，需要党员值勤，吴玉泉便积极报名参加。从开始到结束，轮流值班。特别是从23时30分到凌晨5时30分的深夜班，他还得从富阳城区的家里赶去。风雨交加，寒气逼人，因火灾受伤的病根，他手上的皮肤裂开，但还是咬紧牙关坚守。看到值班人员的衣服被雨淋湿，担心会受冷而感冒，便送去了6把吹风机。村里用于防疫宣传的喇叭坏了，就把

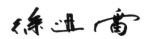

科普教育基地的喇叭送到村委会。他还买了水果、牛奶等食物，和儿子吴向荣一起，慰问村里各个卡口的值班人员……

吴玉泉如今是国家级技能大师，但他不忘"草根"的本色。在平常，他身为公司的董事长，却全然没有老板的样子，穿上蓝色的工作服，就是个普通技工。他真正在乎的，就是一门心思钻研小水电维修制造，以及传道授业。

这让人想起隐居富春江畔富春山的东汉著名隐士严光（字子陵），想起范仲淹赞颂他的名句——"云山苍苍，江水泱泱；先生之风，山高水长"。如今富春江畔的严子陵钓台，就镌刻着这句名言。

吴玉泉一如《尚书·洪范》里所言的"有猷有为有守"，用现代语言释之，就是有理想、有作为、有坚守。

格局决定结局。你的格局有多大，你的舞台就有多大，你的事业就有多大。

大国工匠，富有情怀；中国制造，要有敬畏；先生之风，山高水长。

吴玉泉，拥有的就是这样的人生大格局！

2020 年 10 月 1 日于杭州

作者徐迅雷，著名作家、杂文家、评论家，原《杭州日报》评论部主任，浙江大学传媒与国际文化学院兼任专家，中国作家协会会员、浙江省杂文学会副会长、杭州市文艺评论家协会副主席。已出版《只为苍生说人话》《让思想醒着》《中国杂文·徐迅雷集》《认知与情怀》《相思的卡片》《敬畏与底线》《知知而行行》《以文化人》《这个世界的魂》《只是历史已清零》《万国之上还有人类在》《权力与笼子》《温柔和激荡》《杭城群星闪耀时》《在大地上寻找花朵》《太阳底下是土地》等著作。

目录
C O N T E N T S

初经磨砺

　　20世纪50—60年代的东洲，被富春江紧紧地包围着，四面环水，出岛得靠船。由于交通不便，东洲经济发展缓慢，人民生活水平普遍低下，不少人家住的是稻草屋。吴玉泉出生在那个年代，加上家里人口多，劳动力少，家庭负担重，人生起步，就经历磨砺。

　　穷人的孩子早当家，吴玉泉从小目睹父母的辛劳，体验生活的困苦。孩童时就自觉地干些力所能及的活儿，初中、高中期间，吴玉泉为减轻父母肩上的担子，在星期日和寒暑假，参加生产队劳动。贫困的生活，能够磨炼人的意志，让人更加勇敢坚强，也能锻炼独立思考解决问题的能力。不经一番寒彻骨，怎得梅花扑鼻香。吴玉泉后来能干出一番事业，和他初经磨砺有着一定的关系。

一、东洲里浮沙

东洲里浮沙，是吴玉泉生长的地方。

碧波盈盈的富春江，浩浩荡荡一路奔东，流过富阳城区南面，来到大岭山脚，被屹立在江中的东洲岛迎头劈为南北两江，南江江面宽阔浩瀚，水流湍急，为富春江之主流道。北江显得狭窄，宽处约 350 米，狭处仅 100 余米，水流缓慢，属支流，故曰北支江，当地人称其为北江。

南北两江似张开的双臂，怀抱起一块美丽的翡翠，就是那"江流绵渺曲围沙，村落纷纷聚水涯"的"江中绿洲"东洲沙。

北支江向东北流去，到杭州市西湖区双浦镇与富阳区分界处的算账岭时，突然折向东南，牛弯似的拐了一个很大的弯，这一弯折，一定程度上影响了洪流的行泄。北支江继续向前，直到紫铜村东面的鹰沙尖，才与富春江主流汇合。然后，滚滚东流，经钱塘江汇入东海。

北支江边，星罗棋布地点缀着一些小村落。其中，有个小小的村子，为东洲街道民联村里浮沙自然村。

江中的沙洲，是个连仙人也向往的地方。据说，很久以前，富春江上是没有沙洲的。王母娘娘身边有个侍女，名叫巧姑，听仙人们谈论富春江的美丽，心里痒痒的，久而久之，产生了去凡间看看的念头。

王母娘娘喜欢热闹，寿诞之际，大办宴席，各路神仙都来祝贺，王母娘娘一高兴，酒喝多了，呼呼地睡起了大觉。

巧姑知道，王母娘娘这一睡，不知要几天才会醒来，便趁这个机会，溜出天门，飘到富春大地的上空，往下一看，富春江像一条淡蓝色的绸带，轻柔地飘绕在富饶的土地上。群山倒映，江水清澈，游鱼历历，她被这美景所陶醉，心想，要是江中生出一些小岛来，岂不锦上添花，如果自己住在岛上，该有多美。于是，拔下玉簪，向江心点了几下。顿时，凌空飞来十多块巨石，落入江中，变成大大小小的 18 个沙洲。巧姑晓得，天上一日，凡界百年，等到王母娘娘醒来，人间不知已换了几朝几代呢。她落下云头，踏上沙洲，依恋凡间的她，便定居下来。

当然，这只是个美丽的传说。富春江上的沙洲，是千百年来水流运动，泥沙淤积而成的陆地。五代时（907—960 年），浮沙、紫铜为富阳安吉乡（今西湖区转塘、社井）以南的江面，也就是说，那个时候，这一带还没有陆地，一片汪洋大海。方圆近百里的浅海湾，又处于富春江、浦阳江、钱塘江的交汇口，海水滔滔，江潮滚滚，三江之水带着大量的泥沙、石块，以及海涂在此交换冲撞，水流发生了变化，泥沙石块沉积下来，天长地久日积月累，慢慢地成为沙洲。近杭县的为钱塘沙，靠富阳的统称长沙。民国时，因沙洲坐落在富阳城的东面，改称东洲。

到了明代，浮沙、紫铜这些孤独的小沙洲，慢慢地与西面的沙洲并岸，逐渐形成长 30 里①、宽 10 里的富春江中第一大沙洲。

江中沙洲，遭遇洪水，江水退却，淤泥上涨，每年都会增出一些肥沃的土地来，这些无主的荒地，归谁所有？朝廷早有规定，谁

---

① 1 里 = 500 米。

先开垦，只要向官府申报，进行书面登记，交纳赋税，就可归谁长期耕种。在农耕社会，土地是农民的命根子，哪一个不想有自己的土地。因此，富春江南北，甚至绍兴、嵊州、萧山等地的外县农民，也纷纷前来开垦，继而居住，并一代代相传。

清光绪初年，杭州萧山义桥小砺山（今属闻堰镇）的吴诗宝，听说富春江上那个叫长沙的地方，土地肥沃，还可自己开垦荒地，便动了搬迁之心。

吴诗宝，生于清咸丰四年（1854 年）九月初四，卒于光绪廿年（1894 年）正月十五，为南宋左丞相吴坚[①]第十八世裔孙。

一代代相传，到吴诗宝一代，已是六百年后了。

这天，吴诗宝溯富春江而上，来到长沙，为了寻找宜居之地，几乎跑遍了整个沙洲，最后选中了北支江边的里浮沙。回去后，整理好家什，举家迁移。

那个时候的里浮沙，还没有形成村落，7 户人家，东一间西一间，分散而居。他们也是从各地搬迁来的，只不过搬入时间早晚而已。

由于沙洲人烟稀少，荒蛮凄凉，到处都是芦苇、杂树、野草，吴诗宝也不和先民抢夺地盘，在东面找了块杂草丛生、低洼不平的荒地，劈除野草，挖除草根，平整土地，搭起草舍。有了安身之地后，吴诗宝就带领家人起早摸黑，开垦荒地。一块块优质肥沃的土

---

① 吴坚（1213—1276），字彦恺，号实堂，浙江省仙居县官路后里吴村人。南宋淳祐四年（1244 年），中进士。次年 10 月，任太学博士。后平步青云，理宗时已为朝廷重臣。德祐元年（1275 年），元军大举南下，进迫临安（今浙江杭州），左丞相留梦炎等大臣相继潜逃。次年正月，吴坚升任左丞相兼枢密使。

2019 年 3 月 31 日，吴坚第廿二世裔孙吴玉泉和长辈吴庆有、吴永祥等，去萧山小砺山村为吴氏祖坟扫墓。4 月 2 日，吴玉泉、吴仁源、吴关标等，赴仙居县官路后里吴村，为先祖吴坚扫墓，得到了所在村书记的热情接待。

地被开发出来，种植玉米等粮食作物，空闲时，吴诗宝也到江中捕鱼，以此养活一家老小。由于吴诗宝待人热情，乐于助人，很快就和原住民融入在一起了。

这一带归属钱塘县周家浦镇，在请教原住民后，吴诗宝来到钱塘县衙，办了交纳赋税的手续，领了土地文书，开垦出来的土地，正式归吴家耕种了。

吴家在浮沙村扎下根，吴诗宝和妻子黄氏，生五子，秋连、连仁、阿琪、金仁、顺甫。

阿琪娶妻孔氏，生二子，传根、传新。吴传新，便是吴玉泉的祖父，生于1917年，卒于1981年农历八月。娶妻俞氏文花。俞文花，生于1917年，卒于2008年农历三月廿四。1936年农历五月十五，生女吴梅英。

民国十八年（1929年）农历八月十二，和里浮沙村近在咫尺的上徐家村，徐家儿子出生，取名金木，他便是吴玉泉的父亲。

此时的里浮沙村，已归入杭县周安乡，后又改为周浦乡。

抗日战争爆发后，国民党派兵在浮沙、紫沙一线驻防，富阳、诸暨等地难民、商人纷纷偷渡至此，人员剧增。小商小贩，不顾安危，去富阳、杭州等地进货，在浮沙、紫沙两处，搭起茅屋，开设小店铺，形成热闹的街市。浮沙街市还有茶店，虽有人说书，但基本上以赌博为主。

等到中华人民共和国成立，徐金木已长大成人。1950年6月23日，浮沙村从杭县周浦镇划入富阳县，与原东洲乡的联合、胜利、新建三村，合建富杭乡。这时的里浮沙，以萧山人为主，后来，人开始多起来，因为都是从各地搬迁而来，称得上百家姓村。

那时的北支江，富饶美丽，水清、岸绿，终年碧波荡漾，两岸百姓都喝着北支江的水。江中鱼虾成群，劳作之余，徐金木捕鱼捉虾，改善伙食，家里的餐桌上能不时出现荤腥。

二、出生在草屋

那一年，徐金木入赘，与吴梅英结婚，后改姓吴。

1955年农历九月十七，深秋时节，霜风初起，北支江边，乌桕叶红，芦苇花白。夜晚，芦苇中鸿雁群集，嘹呖干云，哀声动人。寂静的深夜，"哗哗"的潮水声，此起彼伏，传入里浮沙村。劳累了一天的村民，已把这沙洲特有的声音，当作了催眠曲，早早地进入了梦乡。

村子偏东，离北支江3里路处，那间竹篱笆作墙，稻草当瓦的草舍中，钻出了丝丝亮光。房间的桌子上，那只有着缺口的碗中，盛着半碗香油，棉纱线绞成的绳带，像一条胖胖的春蚕，昂着头静静地斜躺在香油之中，露出碗的头上，有颗黄豆大小的火苗，懒洋洋地跳动着。尽管灯光微弱，但已使房间里充满了黄晕的光亮。床上，传出女人痛苦的呻吟声，吴梅英临产了。因为是头胎，外浮沙村的接生婆陈婉香，已被早早地请到了家中。

即将要成为人父的吴金木，刚刚坐下，又站了起来，他自己也不知道做什么好。其实，坐立不安的不光是吴金木，吴梅英的母亲俞文花，站在女儿的床边，不停地为她鼓劲儿。吴传新烧着锅中的水，水开了，婴儿还没有出生，只得熄火，水凉了，又接着烧。吴梅英的阿婆（奶奶）孔氏，口中念念有词，祈求神灵保佑母子平安。一家人无头绪地忙碌着，焦虑地等待着，期盼着。对于这种场面，见多识广的陈婉香并不着急，只见她有条不紊地在吴梅英身上这里揉揉，那里摸摸，刚才还被折磨得头上直冒虚汗的产妇，慢慢地感觉不那么疼了。

半夜，随着"哇"的一声啼哭，一个男孩降生了。家里人所有的担忧，在这一瞬间化为乌有。这个男孩，便是吴玉泉。

在农耕社会，农业生产要靠体力，再则，传宗接代的思想，根深蒂固地留在人们的头脑中，头胎是男孩，自然给这个家庭带来了欢乐，带来了希望。可是，一家六口人，只有吴玉泉的爷爷吴传新和父亲吴金木两个正劳力①，家里生活的艰辛可想而知，这也注定了吴玉泉童年的困苦。再说，在那个年代，哪一户家庭的孩童，不是在贫困之中度过的呢。

吴玉泉出生之时，富阳农村已经掀起走合作化道路的高潮，兴办高级社的热潮，已一浪高过一浪。1956 年 3 月，富杭、梧凤两乡合并，成为江丰乡。是年，里浮沙、三段里、外浮沙、青果沙、上徐家、下徐家、新建村 7 个自然村联合，创办高级农业生产合作社，取名民联，意为"人民大联合"。

此时，吴玉泉已是富阳县江丰乡民联村里浮沙自然村的一员了。他们这代人，无疑比父辈们要幸运，新中国灿烂的阳光，照得他们身上暖洋洋的，一旦到了上学的年纪，就可以背起书包上学堂。可是，这代人又比后辈们艰辛，中华人民共和国成立不久，还在起步阶段，政治、经济、家庭等诸多因素，赋予他们的，多半是坎坷的人生道路。

---

① 正劳力：气力强壮的男性劳动力。

三、穷人的孩子

吴玉泉的父母是地地道道的农民。20 世纪 50—60 年代的富阳农村，大多数家庭离不开贫穷两个字。他们家人口多，过着比别人更加艰辛的日子。

父亲吴金木，是农业生产的好手，从谷子下田到稻谷收割，每一道农活都捏得起[①]。用稻草做草纸，是当地的一项副业生产，吴金木身强力壮，洗料这种力气活，总离不开他。把腌制后踏成的稻草料，挑到三段浦，放入布料袋，袋中放置圆木耙，扎紧，在水中一推一拉，抖动料袋，尽力搅洗。洗料，人得站在水里，夏天还好，寒冬腊月，也照样得赤脚，那冰冷刺骨的水，从脚开始，很快袭遍全身。可是，不管怎么冷，都得咬紧牙关，坚持再坚持，直到把料洗好。

正因为他吃苦耐劳，1963 年始，社员们推选他为民联大队第六生产队队长，历时 3 年。当时的六队，五六十户人家，近百人，人均水田 1 亩 4 分[②]，计 140 余亩田，他肩上的担子也不轻啊。

母亲吴梅英，不但能种桑养蚕，而且拔秧割稻也是把好手，一年四季参加生产队劳动。她能干、勤劳，风风火火，被选为生产队的妇女队长，不但要完成上级布置的各项任务，还得带领妇女姐妹，"战天斗地"，奋战在农业生产第一线。作为农家妇女，白天，吴梅英要参加生产队的集体劳动，收工回家后，还得做着干不完的

---

① 捏得起：能够保质保量地做好。
② 1 亩 ≈ 666.67 平方米，1 分 ≈ 66.7 平方米。

家务活儿。

他们家有个竹园，种着淡竹。淡竹，是编竹篮的好材料。下雨天不出工，吴梅英也闲不住，砍来竹子，在家里劈篾编篮。等篮子卖掉后，补贴家用。她任劳任怨，与丈夫一起苦苦地支撑着这个家。

按理说，父母勤劳节俭，吴玉泉家的生活应该不错了吧。可是，吴玉泉下面还有3个弟弟，1个妹妹。5个儿女，间隔两三岁。沉重的担子，压得一家人透不过气来。

家里虽然贫穷，但吴家也不耽误儿女读书。1962年起，每隔两三年，家里便会增加一只沉甸甸的书包。

吴玉泉8岁那年，吴梅英买了块布，亲手为他缝了个书包，送他去民联小学上学。民联小学，创办于1941年2月，校址在上徐家，离吴玉泉家500多米。

沙洲上的大路小路，都是泥路，晴天还好，一到下雨天便泥水横流，行走艰难。可是，不管刮风下雨，吴玉泉都照常上学读书。

脚上，一年到头都穿着母亲做的千层底布鞋。春夏秋三季，若是赶上下雨，他干脆赤脚。寒冬腊月，因为没有雨鞋，碰上下雨，吴玉泉像大多数村里的孩子那样，头戴笠帽，脚缚竹鞋。所谓竹鞋，就是锯一节七八寸①长的毛竹箭头，一劈为二，背面朝上，削平，每块竹爿两边各钻2个孔，串上带子，缚在穿着布鞋的脚上。竹鞋高五六厘米，在泥泞的路上行走，虽然不会弄脏布鞋，但好似踩高跷，每一步都得格外小心。

深秋的一天，上学时天气好好的，到校后下雨了。放学时，雨虽然停了，但小路上都是泥浆，吴玉泉舍不得把布鞋弄湿、弄脏。

---

① 1寸≈3.33厘米。

他脱下鞋子，赤着脚往家里走。雨后的小路，特别滑，他一小步一小步艰难地走着，脚步歪歪斜斜的，脚一滑，他摔倒了，但还是高高地举起书包和布鞋，不让它们碰上泥浆。他支撑着爬了起来，半边的衣裤上，已粘着泥水。好不容易回到家，母亲一看他像泥猴似的，火从心底起。这也难怪，他只有这一身稍许像样点的外套，弄脏了，明天上学穿什么。

可是，当看到儿子手中干净的布鞋和书包时，吴梅英心里一阵酸痛，哪里还骂得出口。她赶快把儿子的外套脱下，端来一盆热水，给儿子洗脸，再让他把小脚伸到温暖的脚盆里。然后，把衣衫上的污泥，一点点地刮下，再用半湿的毛巾，一遍又一遍地揩擦，直到把泥迹擦净。

在这种天气里，如果整件衣服浸湿，明天就穿不成了。她拿过装炭火的镬子①，从灶镬洞②中铲出火灰，放上烘篮罩，把衣裤湿的一面朝下摊开。第二天一早，吴玉泉又穿着干燥的衣服，上学去了。

三九严寒，吴玉泉衣着单薄，这些穷人的孩子，都拎着一个火熜去上学。有时，一阵大风吹来，炭火被吹红，如果是逆风，火星直往身上飞舞。孩子们有了经验，倒着走，或者忙把火熜放下，用脚踏实，再拎着继续往前走。

四年级开始，民联小学搬到了浮沙村，这下，离家更近了。

那个年代，小偷什么东西都要偷。小学老师徐庆祥是余姚人，住在学校内一间平屋里，寒暑假，要回余姚老家，被铺及一些日常用品，带去带来不方便，放在宿舍里又不放心。吴玉泉和同学徐文国得知后，自告奋勇地为徐老师管家。晚上，他们睡到徐老师的房

---

① 镬子：烧饭用的铁锅。
② 灶镬洞：灶上烧柴火的洞口。

间，这一管，就是两个寒假和暑假。

穷人的孩子早当家，农家的孩子，除了读书，还得干农活。吴玉泉家里养有猪、羊、兔、鸡、鸭、鹅。放学回家，他放下书包，拿把割草刀，拎起篮子，就去割羊草，或者采猪草。有时，他会挥着竹竿，去放鸭、放鹅。

吴玉泉13岁那年春日的一个晚上，父亲对他说："家里自留地上，有不少蔬菜，自家又吃不完，明天，你拿到周浦去卖好吗？"

周浦，和浮沙只隔一条北支江，两三里路，过渡就到，来去也还方便，吴玉泉不知去过多少次了。但这次父亲让他去卖蔬菜，这是他说什么也想不到的，也着实为难他了。

在那个年代，个人做小生意，是被人看不起的。去还是不去，他犹豫着。可转念一想，父亲要参加生产队劳动，作为家中的长子，他不愿意把全家生活的重担都推给父母，假如父母把身子压垮了，这个家怎么支撑？13岁，已到了为父母分挑担子的年龄了。他点了点头，要父亲在家里就把大蒜称好，缚成一把把，定下每把卖多少钱，他可以按把去卖。

吴金木想想也是，小孩子当着买主称分量，碰上奸刁者，会故意找碴儿的，再说，带一把秤，也不方便，就依了儿子。

第二天，东方刚出现鱼肚色，吴金木已从地里拔来大蒜，割来韭菜，清洗干净，过秤后，一把把用稻草缚好，放在篮子里了。

吴玉泉早早地起了床，拎起那只菜篮，踏着晨光，来到了北支江边的渡口。浮沙渡，也称得上东洲到杭州周浦一带的交通要道。平时，凌晨四五点就开船，碰上要紧事，半夜也有人要过渡，因此，摆渡人是睡在船上的。吴玉泉他们上了船，摆渡人"吱咕吱咕"地把船摇到了对岸。

周浦有早市，这时候，已是人声鼎沸，摊主的叫卖声，顾客的讨价还价声，不绝于耳。吴玉泉找了块空地作为摊位，放下篮子，摊开韭菜和大蒜。第一次做生意，他感到难为情，不要说吆喝，连头也不敢抬，有人来问，便低着头报价。好在这些蔬菜新鲜，价格也不贵，很快便卖完了。过渡后回到家里，吃了早饭，他背起书包，再去学校读书。

卖了几次蔬菜后，吴玉泉渐渐地习惯了，只要自留地上蔬菜长成，就催父亲去割了。这一卖，就是三四年。

根据学制要缩短的精神，富阳县各地的小学，从六年分段制改为五年一贯制。读完五年级，吴玉泉小学毕业了。

四、勤工俭学

吴玉泉上学的年代，读书是速成的，小学五年，初中两年，高中还是两年，整整缩短了三年。初中开始，他走的是一条平时读书，节假日参加生产队劳动的勤工俭学之路。

吴玉泉小学毕业，正逢富阳县各公社、大队开始创办初中。民联小学办起了附设初中，供江丰公社民联、紫铜、民建3个大队社员的子弟上学。家里到学校，只有二三百米路，真是中学办到家门口。

在吴玉泉家里，做工的人少，吃饭的人多，劳动工分还不够支付生产队所分粮食等实物的钱款，到年底结算，总得相差几十元。别小看这几十元，在那10个工分只值几角钱的年代，已经是个不小的数字了。他们家理所当然地排进了超支户内。年终分红，存款户分到了钱，聚在一起商量，几时到富阳街上，买点年货，顺便为孩子买几块布，请个裁缝，做几套过年衣服。吴玉泉的父母听到这事，只好远远地避开。

读初中时，星期六下午放假，每星期有一天半可以待在家里，吴玉泉把本来可以休息的时间，用于参加生产队的集体劳动。

冬天挖塘泥作肥料，是平原地区的主要农活之一。把塘水抽干，社员们从塘底到岸上排成一行，最下面的挖一铁耙塘泥放进畚箕，滴着水放到上一个人的面前，把铁耙抽出，那人再用手中的铁耙，把塘泥挖起，继续往上放，一个个的传递，直到放在池塘边的地上堆好。吴玉泉也做过这传递塘泥的活，但毕竟年纪小，力气轻，有些吃不消。半干后的塘泥，要挑到麦田作肥料，为提高工效，社员们分工合作，有挖泥的，有挑运的，吴玉泉的任务，是用铁耙把塘泥挖进畚箕里。

拔草、耘田、治虫、掘田、割稻、插秧、晒稻草，凡是他能够干的农活，都会去做。初中期间，一天能挣七八个工分。虽然只是零星的节假日，积少成多，一年也有 400 多个工分。

两年后，吴玉泉初中毕业，要升高中了。贫下中农管理学校，新办了东洲公社高中。

东洲公社高中在黎明大队（华墅沙村），首届高中生的招生工作已经开始。学校距离里浮沙村 10 多里路，如果让儿子去读书，就得住宿在那里，不但家里的活儿帮不上忙，衣食上也要少许体面些，一去一来，负担会大大地增加。15 岁的人，在当时的农村，早就参加生产队劳动了。让大儿子上高中，还是要他留在家里挣工分，父母的意见完全对立。

母亲准备勒紧裤带，让儿子继续升学读书，她的想法很单纯：有文化总是好的。

可父亲要他参加集体劳动。吴金木并非不想让儿子读书，他也是没有办法。这么一个大家庭，只有自己和父亲两个男性劳动力，再说，父亲年纪大了，体力在一天天减弱，如果再让大儿子读书，家里5个人上学，沉重的担子，压得他透不过气来。何况，村里比他家条件要好得多的家庭，儿女连初中都没有读，就参加生产队劳动了。应该说，像他们这样的家庭，初中毕业，已经相当不错了，读高中，简直是痴心妄想。

为了吴玉泉读书的事，父母吵开了，他们谁也说服不了谁，后来发展成冷战。那天晚上，两个人赌气不说话，也不睡觉，一直坐着，直到天亮。

因为家里穷，草屋里只有两个房间，吴玉泉及几个弟弟，和父母同睡一张床。家里的困境，吴玉泉并不是不知道，但是，他实在想继续升学读书。父母为自己吵架、怄气，他看在眼里，可他能说什么呢，只好默不作声，一句话也没有说。父母僵持着，他哪里还睡得着觉，眼睛酸溜溜的，眼泪不住地往肚里流。一个喜欢读书的少年，若是不能继续上学，其痛苦非语言能描述。

随着报名截止日期越来越近，吴玉泉的心情也越来越沉重，想来上高中的希望，就要像肥皂泡那样破灭了。这天，喜讯终于来了。不知是母亲说服了父亲，还是父亲自己想通了，他竟然答应让儿子上高中。得到消息后，吴玉泉心里像打翻了蜜罐子，甜水咕嘟咕嘟地往外冒，那个高兴劲儿，就甭提了。

高一只有一个班，40多人，其中民联村有8人。吴玉泉格外珍惜这个学习的机会，读书非常用功，还经常参加学校组织的社会活动，高一时就加入了中国共产主义青年团。高中期间，还得到了每月 3 元 5 角的助学金，在那个年代，这是一笔不小的收入了。

吴玉泉学生时代（1972 年）

物理老师陆如龙，课讲得生动，理论联系实际，经常带领他们做实验，这引发了吴玉泉对电气、机械的兴趣，对他以后从事电动机、水轮发电机组的修理、制造，有一定的影响。

东洲公社高中是住校的，星期一清晨，吴玉泉要挑着五天所需的米，加上一罐干腌菜，去赶第一节课。星期六上午的课程上完，他书包一背，一路小跑，回到家里。母亲给他留着饭，他狂扒两碗，吃好午饭，碗一放，连忙去参加生产队劳动。

暑假，正是夏收夏种的农忙季节，吴玉泉割稻、插秧，什么活都做。初中时他就学会了种田，到高中，自己拔秧插秧，一天能种一亩田，已成为种田的能手。

凌晨两三点，他来到秧田开始干活，到东方发白，一担秧已经拔好。吃了早饭，再拔一担，下午插秧，吃夜饭要到八九点钟了，一天睡眠只有四五个小时，衣服上全是汗水带来的白花花盐渍。

辛苦点倒算不了什么，最难以忍受的是清晨的乌蝇子、太阳落山后的牛虻和无时不在的蚂蟥。蚂蟥叮在脚上，人手里捏着秧，只能用秧梢头扫一下，抓心的痒，也只能忍受。

平时，他每天工分是 12 分半，割稻和种田时按定额计算，一天能挣 20 多个工分。高中期间，光节假日，吴玉泉每年就能挣

1000多个工分。如果按每天10个工分计算，一年几乎要做100来天。学生阶段，吴玉泉就被东洲公社评为"农业学大寨积极分子"，在夏收夏种动员大会上，他领到了奖状。

那时，各地大抓舆论工作，大队办有《双抢快报》，吴玉泉尽管起早贪黑地在田里做工，但还是挤出时间来写稿，把看到想到的写下来，投给由学校老师编辑的快报，双抢期间，也有三四篇文章被大队快报采用。

生产队每天晚上开会，他这个高中生，只要在家休息，就会过去给社员们读报，读《人民日报》《浙江日报》《杭州日报》上的新闻。读报时要站在亮光下，夏日，他被电灯光照得满头大汗，围着灯光转的飞虫，也不时地落在他身上。看社员们认真地听新闻，他也感到非常满足。

里浮沙村，虽然自古以来种桑养蚕，但规模不大，只是家庭式的小打小闹。江边的沙地，大多种的是小麦、油菜，收割前夕，正逢多雨的季节，洪水来了，农民们快要到手的劳动成果就会全被淹没，丰收的喜悦被深黄色的洪流冲得干干净净。这么好的地空着可惜，可是种庄稼也很有可能是白辛苦。但勤劳的社员们，不管庄稼有没有收成，还是照常播种。因为他们清楚，总有赶在洪水前收获庄稼的年份。

20世纪60年代，上面号召大力发展蚕桑业，江滩地种上了桑树，生产大队也开始养蚕了。

吴玉泉新增了桑叶采摘的工作。养蚕时节，读初中的吴玉泉清晨起床，挑着桑叶篓，去采摘桑叶。因为是按斤两计工分的，机动灵活，他便摘好一担桑叶，再去读书。等到高中时，假期里，吴玉泉不仅要摘桑叶、采茧，还得挑着百来斤的茧担，去5千米以外的长沙上，卖给东洲茧厂收购站。

桑皮，是制作桑皮纸的主要原料，被供销社大量收购。冬季来临时，生产队把桑枝剪下，分到各家各户，社员们利用晚上的时间加工。星期六和星期天的晚上，吴玉泉和父母一起，先用榔头把桑枝敲碎，抽出里面的白枝条，再把桑皮晒干。碰上雨天，桑皮受潮，星期一清晨，吴玉泉挑着三五十斤湿桑皮去上学，等到出太阳了，就晒到学校的操场上，桑皮晒干后就直接挑到离学校不远的供销社收购部出售。

吴玉泉平时在校读书，节假日参加生产队劳动。1971 年，吴玉泉家建了新屋，搬出了祖祖辈辈不知住了多少年的草屋。两年后（1973 年 1 月 25 日），他高中毕业，拿到毕业证书。

高一、高二各一个班的东洲公社高中，也只办了两年就停办了。

1977 年，国家恢复高考后，吴玉泉也曾经去参加考试，但由于英语、化学分数不理想，失去了上大学的机会。

踏上社会

　　20世纪70年代初，来自农村的学子，一旦高中毕业，就得回乡参加农业生产劳动，没有另外一条可以选择的路。

　　其实，在当时，不管高中、初中、高小的毕业生，甚至十一二岁没有进过校门的儿童，生产队都会无条件地接收，安排他们参加力所能及的农业生产劳动。

　　那时，尽管学校办到了家门口，但是，并非家家户户的子女都能上高中，农民文化水平普遍偏低，高中生还属于凤毛麟角。农村是个广阔的天地，一个生产大队，对于品学兼优的高中生来说，有许多事情在等待他们发挥才华，在那里可以大有作为。吴玉泉走出高中校门，大队干部相继找上门去，他做过农技植保员、民办教师、电影放映员等工作，有时好几项工作都需要他，还得交叉着进行。吴玉泉踏上社会的路，也是当时一些高中毕业回乡青年所走的路。

一、农业植保员

1973 年 1 月底，吴玉泉走出东洲公社高中的校门，回到民联大队。

那时，民联大队有 11 个生产队，耕地面积 2340 多亩，主要种植水稻。在那以粮为纲的年代，东洲是富阳著名的粮仓，担负着完成全县公粮任务十分之一的重任。而民联大队，又是完成东洲公粮任务十分之一的大队。所以，抓粮食生产，是他们的重中之重。科学种田，植保工作非常重要，民联大队经过考察，最后，大队党支部书记黄柄玉拍板，让吴玉泉担任农业植保员。那时的植保员，相当于现在的农科员。

大队农业植保员，主要任务是上情下达，把上面的情况传达给生产小队，大部分时间还得参加农业生产劳动。

民联大队种水稻，产蚕桑，吴玉泉的职责，就是抓好全大队的农业技术工作，确保粮食丰收。当然，除了粮食生产，经济作物的培育，也在植保员的工作范围内。吴玉泉虽然对大多数农活十分熟悉，但植保员工作技术含量高，还得从头学起。

公社开办农技培训班，每个大队的植保员都要参加学习。他们不仅要听县农业局的农技干部讲课，还得多次到田间地头进行实践。通过一段时间的培训，吴玉泉初步掌握了农技知识。

晚稻收割后到第二年育秧前，是水稻培育的空档期，吴玉泉被派到桑秧班。民联大队的桑秧班、种子队，由大队直接管理，30

多人，三四十亩田。桑秧班的任务，主要是培育桑树。沙洲上，到处都有自由生长的野桑树，虽然也可以用来喂蚕，但量少质差。桑秧班把它们利用起来，采来优质桑枝，对野桑树进行嫁接。嫁接技术的高低，直接决定桑树的成活率。

身为植保员，不但自己要会嫁接，还得做好辅导工作。吴玉泉虚心拜老农为师，认真学习，学会了嫁接技术，和桑秧班其他人员一起，培育出优质桑树。

吴玉泉主攻的还是粮食生产，特别是水稻。水稻生长期间，公社植保站办有《病虫害情报》的简报，每周一期，预报近期水稻病虫害的情况。一般由上级农技部门提供资料，公社农技站根据本地的实际情况，再作摘登。如遇突发性的病虫害，公社临时召开紧急会议。水稻生长阶段，防病虫害如救火，不能拖延，出现什么病虫害、用什么药治，吴玉泉要以最快的速度传达到各生产队，并督促生产队植保员做好防治工作。在那个电话还是稀罕之物的年代，分布在上徐家、新建村（官路头）、外浮沙、里浮沙、三段里、下徐家、青果沙等自然村的生产队，需要他一个个地去落实，他只能靠双脚跑步去直接通知。

为消灭害虫，田地里点诱螟灯，二三十亩点一盏，引诱稻螟蛉、稻飞虱、刮青虫等害虫。为了增强灭虫效果，吴玉泉他们还摸索出经验，在灯下盆中的水里放几滴柴油，害虫掉下后被柴油黏上，就飞不起来了。天一黑，吴玉泉和各生产队的植保员就得去稻田点诱螟灯，天亮后又要及时熄灭诱螟灯，起早落夜，工作非常辛苦。

绿萍是优良的水生饲料植物和绿肥植物。1964年，富阳县从温州引入萍种1000多公斤，在三山公社陆家村大队和金桥公社城东大队试养和繁殖，但发展缓慢。1973年春天，富阳县农业局在轮船码头的富阳旅馆举行全县绿萍推广会议，主要针对重点产粮公社及所属大队，整个东洲只有许保水与吴玉泉两人参加。会议为期两天，除了听报告，做规划，还到陆家村参观。会议结束后，吴玉泉把萍种分到各个生产队，要求每个生产队试种 5 ~ 10 亩。后因缺乏越冬越夏繁殖场所，加上绿萍腐烂迟缓，使供肥不及时，引起晚稻贪青、倒伏等原因，只试种了一年，没有推广。

吴玉泉所在的第六生产队的农技植保工作，基本上也由他负责。由于频繁为水稻除虫，吴玉泉经常与甲胺磷、敌敌畏、乐果等剧毒农药打交道，劳动环境算得上恶劣。

当然，吴玉泉也晓得，喷洒农药的时候要看风向，静风时无所谓，遇到起风，要顺风喷；否则，药水会吹在身上，吹进口鼻里。喷雾完毕，需及时清洗手脚，以防农药渗入皮肤。

农药喷洒以后，庄稼表面的害虫，呜呼哀哉了，但寄生在稻秆芯里的稻螟蛉，因离水面较高，喷在水稻表面的农药根本碰不到它。只有先灌水，让水满到稻螟蛉寄生的部位，再用剧毒的甲胺磷喷洒。这样一来，农药的乳剂漂浮在稻田的水面，渗透到稻芯里，躲在里面的稻螟蛉才会被杀死。

这天下午，天气炎热，吴玉泉独自一人顶着烈日，去田里除虫。他在塑料喷雾器里灌满清水，倒入农药，兑好药水，旋紧盖子。把两根带子背在肩上，这一桶，少说也有五六十斤。来到田间，左手上下按动，给喷雾泵加压打气，右手打开喷头，移动着长杆，边走边把农药均匀地喷洒在稻禾上。

大约两个小时后，他感到有点不舒服，但是，还有一片稻禾未喷洒。如果这个时候收工，不仅剩下那些兑好的药液，过夜就会失效，而且只喷半块田，也给害虫逃生留了条路。吴玉泉自忖年轻力壮，总能抵抗得了。等到全部喷完，他感觉四肢无力、头晕、恶心。那个时候，对发痧头痛，农民是不当回事儿的，更不会去医院。但他清楚，不是中暑，这就是农药中毒。他连忙回到家里，在阴凉的地方躺了会儿。因为症状较轻微，加上年纪轻抵抗力强，身体很快便恢复了。

分管治安保卫的大队干部章金富，在处理赌博、盗窃等治安案件时，因文化水平不高的原因，笔录中时常碰到难题。看到吴玉泉回大队，便让他做助手，在调查中做记录。从那以后，章金富轻松多了，那些犯事的人被叫到大队部后，章金富只管审问，吴玉泉就会把那人的交代完整地记录下来。他们查坏人，追赃物，有时还到萧山浦沿等地调查。

一个小小的生产大队，毕竟不是每天都有案件需要处理的，吴玉泉多数时间，还是参加生产队劳动，做植保员。

植保员的工作，吴玉泉一直做到1973年年底。

二、民办教师

20世纪70年代初，生产大队好多工作都需要文化较高的人，可农村的高中生，实在太少了。

从当时对吴玉泉的工作安排情况来看，确实有浪费人才之感。大队干部经过讨论研究，决定给他分配更加重要的工作。

这天，分管教育的大队干部章天法，把吴玉泉叫到大队办公室，对他说："有位老师要休产假了，急需一位代课老师。经党支部和大队革命领导小组研究决定，由你去代课。"

民联小学有8个班，10余位老师，公办、民办都有。基本上一位老师管理一个班，老师因生育、疾病以及其他的事情，需要请假，就会影响正常的教学秩序。在贫下中农管理学校期间，这些事均由大队负责解决。

作为共青团员的吴玉泉，义不容辞地接受了任务，来到民联小学报到。

他代课的是二年级，语文、数学、体育，均由他一个人负责。因此，他从早上开始，到傍晚放学，都离不开这个教室。晚上，还得去办公室，与其他老师一起备课。

等那位老师产假结束，回学校教书，吴玉泉又回到生产队，参加劳动了。

无论做什么事情，只要有了第一次，以后碰上类似的事，人家就会先想到你。后来，只要有老师请假，大队干部就会来请吴玉泉去代课。

学校成立宣传队，代课期间，吴玉泉带领学生，利用晚上的时间，到各个自然村演出，一般在晒谷场上。演出节目，都是紧跟形势的歌舞、说唱，如三句半、对口词、表演唱等等。锣鼓一响，就会有人赶来，在那农村文化生活枯燥的年代，这种小分队式的文艺宣传形式，深受大家的欢迎。

代课老师是临时性的，只有老师请长假时才需要。时间有长有短，长的半年，短的则一两个月。这期间，吴玉泉并没有脱产，还是大队植保员，代一天课，记10个工分。因此，他有时是老师，有时是农民。

1974年年初，富阳各地掀起办学热潮。2月，民联、民建、紫铜、胜利（又名"学校沙"）4 个大队为了使贫下中农子弟能够就近上学，决定联合创办初中。因为这一带 20 世纪 50 年代初，曾为富杭乡，学校便取名为富杭中学。

自从 1966 年取消高考，大学停止招生，中小学校师资的供求矛盾日益突出。于是，民办教师应运而生。

富杭中学需要民办教师，中学筹备组便在这 4 个大队中物色人选。为选拔德才兼备的老师，他们还到原公社高中老师那里，了解毕业生的一些情况，老师们一致反映，民联大队毕业生中，吴玉泉政治表现和学习成绩最突出，而且还做过代课老师。通过推荐、考察，吴玉泉被选中，成为民办教师。那时候的民办教师，和代课老师相比，只是相对稳定一点罢了，其他也没有多大的区别。吴玉泉虽然不是临时性的老师了，但仍然是教书的农民，种地的老师，还是在生产队记工分。

富杭中学选址在民联大队的三段里自然村，这是 4 个大队的中心地段。因校舍还在建设中，富杭中学暂时安置在紫铜村的紫沙庙里。解放初，农村利用祠堂庙宇作学校，紫沙庙曾办过富杭乡富杭完全小学。新办的初中，设 4 个班，初一新生 2 个班，当地学生在其他中学就读转回来的初二生 2 个班。10 多位老师，有上面分配下来的公办教师，也有从各大队抽上来的民办教师。

吴玉泉教的是数学，晚上需要备课，批改作业。从学校到家里，相距只有五六里路，他住宿在家，夜里办公结束后，在没有月亮的夜晚，照着手电筒回家。

这年初夏，吴玉泉接到富阳县教育局的通知，安排他到大青工农兵学校，参加为期 1 个月的教师进修班培训，进修数学科目。

这时，正逢麦收季节，小麦要收割，稻苗要种下去，学校要放农忙假。农忙期间不参加农业生产劳动,自读初中以来,吴玉泉还是第一次。

对于这个再学习、再提高的机会,吴玉泉格外珍惜,老师讲课时认真记笔记,课后和学员互相交流,将学来的知识转化为自己的东西。培训班结束,进行考试,吴玉泉取得了优良的成绩。

吴玉泉不但教授学生丰富的知识,更培养他们健全的人格。由于工作出色,1975年11月7日,经中国共产主义青年团东洲公社委员会批准,吴玉泉担任富杭初中团支部书记。

东洲公社团委批准吴玉泉为富杭中学
团支部书记(1975年)

不管是代课老师,还是相对长期的民办教师,吴玉泉照样吃生产队分配的粮食,照样在生产队记工分。寒暑假,在生产队劳动的社员中,还是能够看到他的身影。

三段里校舍建造完成,富杭中学搬进了新的学校。就在这时,吴玉泉辞去了民办教师之职。

三、电影放映员

20世纪50—60年代,看电影是农村群众文化娱乐的主要项目。1966年,富阳全县只有10个电影放映队,农村放映的场次少得可怜。

20世纪70年代后，乡村电影放映队相继成立。东洲公社电影放映队，只有8.75毫米的放映机。它是一种放映窄胶片电影的电影放映机，携带方便。拷贝与放映机价格均较低廉，是为偏僻的农村、山区、边远地区、海岛及其他交通不便地区的群众看电影而专门设计的机型。因为银幕小、光线弱、画面模糊，根本满足不了群众的需求。1976年2月，东洲公社新增16毫米电影放映机，需招收1名放映员，在全公社25个大队中挑选。

当然，招收电影放映员是有条件的。首先，家庭成分必须是贫下中农，本人政治思想好；其次，机器设备要用独轮车运送，有时还得肩挑，需要身体强壮；再次，电影放映前得根据形势做宣传演讲，在公众场合说话不能有畏惧心理，不怯场；最后还要制作，特别是书写幻灯片，字要写得漂亮。

吴玉泉希望学点儿技术，成为一名电影放映员。经过推荐、面试、笔试，吴玉泉一路过关斩将，终于入选。但是，还需征得所在大队的同意。

有的大队干部认为，吴玉泉自从高中毕业后，一直受到大队的重点培养，现在还是民办教师，让他去公社电影队，这几年的培养不是白费了？这样的想法也有道理。但是，大部分干部还是顾大局、讲原则的，为公社输送优秀人才，是大队的责任，也是大队的光荣。再则，对吴玉泉来说，增大活动范围，更能施展才华，有更好的发展前途。最后，大队党支部书记黄炳玉一锤定音，同意他到公社电影队工作，并另派了一位青年，去富杭中学担任民办教师。

吴玉泉成了东洲电影队的电影放映员，他们带上被铺，参加了县电影管理站组织的培训班，在富春路和大寺弄交叉处的富阳电影院学习。那个时候参加培训班，是不住旅馆的，晚上，等到最后一场电影散场，学员们把电影院大门内的观众休息厅打扫干净，垫上草包，铺好棉被，就睡觉了。

他们学习电工知识，还学习装片、开机、倒片、修片、检查片子，例如银幕上有雪花时怎么调、人变形又怎么调，并由专业师傅指导，进行实际操作。学习内容除了电影放映知识，还有映前宣传等知识。通过一段时间的理论学习和实践，吴玉泉初步掌握了基本的电影放映技术。

接触电影放映后，他才知道这是一门技术性强、知识面广的工作，包括光学原理、机械运作原理、强电、弱电及无线电知识等。

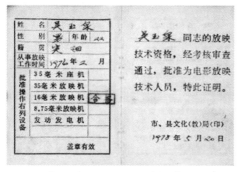

1978年5月20日，吴玉泉经考试合格获得电影放映技术资格证书

按理说，东洲公社25个大队，一个月内每个大队可轮到一场，实际上，由于晚上停电、下雨、机器保养等多种情况，后面的大队，不一定能够排上，唯一的办法就是加映。一个大队放映完，马上到另一个大队，一夜在两个地方放映。因此，一年到头，很少有真正的休息时间。

在农村还没有电视机的年代，一台放映机，给人们带去几多欢喜，因此，电影放映员非常受欢迎。当装着放映设备的独轮车进村时，早早得到消息在村口等候的孩子们，就会欢呼雀跃地跑上前去，争相帮着拉车（独轮车前缚一根绳子拉着）。尽管推车和拉车的人都气喘吁吁，但孩子们还是不停地问，今晚放什么电影，是不是打仗的。

农村电影大多是露天放映，一般放映场地选在学校操场或生产队的晒谷场。因为放映电影都是提前告知的，太阳还没有落山，晒谷场中心地段已摆满了凳子。当然，中间摆放映机的位置，社员们会自觉地留出来。

见吴玉泉他们到来，有人会前来帮助竖立毛竹搭架子，挂幕布。拉好电线后，就在中心位置的桌子上摆好放映机，挂好电灯，然后倒片、加油、试映。当这些准备工作做完，他们再去吃晚饭。晚饭是由所在大队安排的，一般在社员家里，每餐付2两半粮票（2角钱）。

电影放映前要放幻灯片，杭州市文化局对农村电影队提出"人人动手搞宣传，队队场场有幻灯"的要求，县电影管理站还把幻灯宣传作为劳动竞赛项目。幻灯片内容主要是围绕县委、县政府的中心工作，宣传党的方针、路线、政策，也有农业科技、安全生产、治安管理、防火防盗、好人

吴玉泉在放电影（1978年）

好事、防洪抗灾、公粮征收、征兵动员、节假日欢庆等内容。吴玉泉他们不但自己制作幻灯片，还得用说唱、快板、朗诵等形式，在正片放映前作宣传。

一部电影有4～5卷，一卷放完得马上换片，为减少观众的等待时间，吴玉泉平时刻苦练习，使换片速度大大提高。

那时电影胶片是易燃物，在运送和使用过程中要格外小心，放映的时候，放映员必须全神贯注地盯着片窗。

放映机靠微型电动机带动，小小的电动机，带动着齿轮，胶片缓缓地滚动，日复一日地运转，再加上用独轮车或自行车运送，土

路坑坑洼洼，震动特别大，机器免不了发生故障。电动机好比放映机的心脏，如果电动机坏了，电影就放不了了，这是吴玉泉最担心的事情。

前几个月，放映时常常发生故障。千百名观众，刚刚看到紧要关头，放映机突然停止，银幕上什么也没有了，他们称这种现象为"白布电影"。

碰上白布电影时，黑压压的人群，都头颈伸长地等待着，难免有观众说一些不中听的话。可是，吴玉泉这里拨弄，那里拆开，也不知道毛病究竟出在什么地方。是的，凭吴玉泉高中所学的那点物理知识，肯定救不了急的。观众们等了又等，失去了耐心，只得依依不舍地离场。吴玉泉心里十分难受，可是，自己没有修理技术，又有什么办法呢？

第二天，吴玉泉带着放映机，去5000多米外的富阳县电影公司修理。有时，富阳也修不好，只得去杭州。他甚至还去过南京电影放映机制造厂，在那里整整修了一天。

吴玉泉是不会放过技术人员修理放映机这个学习机会的，站在修理现场，他的眼睛牢牢盯住修理师傅的手，看哪个零件在调换，哪颗螺丝在拧紧，默默地记在心里。

为了掌握修理技术，吴玉泉除了向师傅请教，还购买《电影放映技术》《放映电工基础》及电动机结构、电路安装等专业书籍，进行自学。同时，他找来报废的电动机，从单个零件拆装，到整台机器拆散再复原，一遍又一遍练习，直到弄懂。而且，他还背下每个零部件的名称，琢磨故障可能会出现在机器的哪些地方，掌握机器的运行原理。

电影放映时，吴玉泉关注着放映机"心脏"跳动的声音，通过细微的杂音，就能辨别出哪里不正常。

功夫不负有心人，吴玉泉凭借过人的毅力和刻苦钻研的韧劲，终于熟练地掌握了修理技术，可以独立维修电动机了。当电影放映中发生跳片、卡壳等小故障时，吴玉泉能够在短时间内修好。当画面重新出现在银幕上时，就会听到放映场上一阵"哗"的欢呼声。这个时候，吴玉泉的心里就无比高兴。

1978 年 5 月 20 日，经考核审查，吴玉泉放映技术合格，取得了浙江省电影放映人员技术合格证，操作 16 毫米放映机设备。

像《朝阳沟》《红楼梦》《追鱼》《梁山伯与祝英台》《孙悟空三打白骨精》《哪吒闹海》等优秀影片，由于放映时间有限，需要跑片放映。相近公社的电影队互相配合，甲队放完一卷，就马上交给正在等候的跑片员，跑片员骑上自行车，再以最快的速度送到乙队放映点。有时候去三四个放映点跑片。吴玉泉去过春建、受降、大青、春江、大源、灵桥、渔山、里山等公社跑片放映。

有一次，电影放映中途突然停电了，吴玉泉他们正准备收场，那个放映点所在大队的手扶拖拉机手，把拖拉机开来了，停在远处，用拖拉机带动发电机发电，供放映机放映电影。

1978 年放映《红楼梦》，轮到东洲公社横山村时，天快亮了。放映到后半场时，太阳已经升起，阳光从大礼堂的玻璃窗中射入。虽然，优雅的越剧唱腔照样播出，但银幕上什么也看不到了。忽然，几位当地社员请吴玉泉暂停放映。然后，他们从家中抱来毯子、床单。大家七手八脚，将其挂在窗户上，遮得严严实实，把亮光挡在了窗外，电影得以继续放映。吴玉泉被这样的情景所感染，从中感受到农村电影放映工作的快乐。

夏收夏种时，农村停放电影。这段时间，县电影公司组织放映员集中学习，重点是培训放映技术、幻灯片制作。

吴玉泉还参加过县电影公司组织的查账队，到新登、龙羊两地区核查。下村后，检查大队的账册，核对放映场次、收款金额等。这期间，住在当地潮湿的小旅馆，每天补贴流动粮票半斤。

随着电视的普及，20 世纪 90 年代中期开始，农村电影放映已逐步走向衰落。

后来，吴玉泉虽然离开了电影放映队，但却和农村电机修理、水电事业，结下了不解之缘。

近年，吴玉泉买了台 16 毫米的旧放映机，这是他对那段生活的念想。有时他就站在这台机器边，回味自己的电影放映人生。

创业之初

　　创业，是一个令人兴奋的话题，既充满激情，又充满挑战，同时也非常残酷。既有成功的欢悦，也有失败的苦恼。

　　20世纪70年代末到80年代初，一些有头脑、有想法、有技能的农民，感受到改革开放的春风。他们率先挣脱了计划体制和农耕经济的束缚，投身商海，舞潮弄浪，在困难中谋求发展。吴玉泉，便是其中的一员。

　　创业之初的艰辛，每个成功人士都有深刻的体会。起步阶段跌入低谷，是不少企业家都经历过的，吴玉泉也不例外。办厂之初，一场大火，不但烧毁了房屋、产品、材料，还烧伤了他的身体。九死一生的他，精神和肉体承受着双重煎熬。亲朋好友以为他不会再办厂了。可他以常人难以想象的坚定意志和毅力，东山再起。他的路，比别人更加艰辛、曲折、坎坷。但他认为，只有经过努力，才没有后悔，才没有遗憾。

一、"地下"工厂

作为电影放映员，吴玉泉几乎每天晚上都要听两个多小时的电动机声。听得多了，电动机工作时的声音、温度、电压的变化，都成了吴玉泉关注的内容。久而久之，他喜欢上了维修电动机。到后来，他已不满足于单一的放映工作，开始和各种各样的电动机打起了交道。

那个年代，农村缺少修理机械的人，每当碰到收音机、电风扇、电动打稻机、脱粒机、水泵、碾米机故障了，村民们都急得不知如何是好。要去城里修，不但耽误时间，而且来去也极不方便。

有一次，有个生产队打稻机的电动机坏了，夏收夏种期间，时间不等人，他们知道吴玉泉会修理放映机，便把他当作了万能手，以为一技在手，什么机器都能修理。虽然是病急乱投医，但是，吴玉泉看到他们的难处后，想想都是电动机，原理应该是差不多的，就去了，死马当作活马医吧。

他拆开机器，修理起来，一顿捣鼓，也真的被他修好了。这一来，一传十，十传百，吴玉泉会修电动机的消息，很快传开了。

其实，吴玉泉的父亲吴金木，也会修电动机。那时，民联六队的田多，夏收夏种期间，电动机经常损坏，都由吴金木送到富阳五七农机厂修理的。因为生产急需，他只好在那里等着。站在一边看师傅修理，久而久之，看得多了，简单的故障，他也能修理了。到后来，一些小毛病，就自己解决，不用去农机厂了。

自从吴玉泉能修电动机后，村里谁家的电风扇坏了，也拿来请他修理。看到不听使唤的电风扇又能旋转了，乡亲们从心底里感激他。

他们高兴的样子，更加坚定了吴玉泉钻研电机修理技术的决心。他从新华书店买来了《电机制造工艺学》《电动机绕组修理》等书籍，自学电动机修理知识。

20 世纪 70 年代末到 80 年代初，人们的物质生活匮乏，市场经济虽然有了萌芽，但依旧受到各种制约，农村办厂还是以社队企业为主。

1979 年，生产电扇的旋风，已在东洲公社刮开，似乎只要有 3 个人 10 斤铝，就可以开电扇厂，制造电风扇了。故而各种生产电风扇的五金厂，在东洲遍地开花，羊角山还办起了东洲公社电扇厂，胜利大队（学校沙村）成为电风扇生产基地。

虽然，乡镇企业已经异军突起，呈现出前所未有的勃勃生机，但是，这是集体企业。对于私营企业，登记条例尚未出台，富阳工商行政管理部门还在"摸着石子过河"。到 1981 年年末，富阳县的个体式工商户才 74 家，从业人员 74 人，总资金为 14000 元，主要行业只是一些服务业和小百货零售业。经营者大多是非农业户口的社会闲散人员，以及那些嫁给居民仍为农业户口的家庭妇女。可以说，私营者，几乎都是小商小贩。

改革开放的春风，已经吹遍了祖国大地，也吹醒了广大农民的心，掀起了波澜壮阔的改革大潮。吴玉泉感觉到，眼前的天地变得开阔起来，他萌发了私人办厂的念头。

私人办厂，上面允许吗？吴玉泉尽管跃跃欲试，但也不敢明目张胆地挂出牌子。

吴玉泉得知，为电风扇的定子嵌线，工艺并不复杂，他的头脑开始活络起来，晚上放电影，白天大多数时候是空闲的，他要把这个时间充分地利用起来，使之发挥更大的价值。

电影放映员接触面广，吴玉泉结识了很多朋友。他托朋友到生产厂里买来一套电风扇的定子、转子，研究如何嵌线。他把这些部件拆开分析，不懂的地方查资料，根据铁芯、槽型尺寸，计算出参考数据。弄清了绕漆包线分主绕组和副绕组，主绕组线规粗，直径 0.23 毫米，副绕组线规细，直径 0.17 毫米，各绕组的线规不能弄错。吴玉泉偷偷地练习绕线圈，绕了拆，拆了绕，终于掌握了嵌线的技术。

自己嵌线的电风扇核心部件定子、转子是否合格呢？他决定用土办法检验。于是，吴玉泉买来网罩、扇叶、开关箱等电风扇的零部件，再就地取材，废物利用，把拖拉机破尾轮作底盘，水管当作立地杆，装上嵌好线的定子、转子，装配了一台落地式电风扇。安装完成后，他迫不及待地插上电源，开关一按，电风扇叶片从慢到快，均匀地旋转起来了。成功了！他那个高兴劲儿，真是无法用语言来形容。在这以前，他们家从来没有买过电风扇，这台电风扇就留了下来。在凉风习习下吃晚饭，感到特别惬意。尽管这么多年过去了，他还珍藏着这台电风扇。

吴玉泉自己装配的第一台落地式电风扇（1980 年）

技术学到手后，吴玉泉准备开办家庭作坊式的小工厂了。

1980 年 1 月 10 日，谈了 3 年恋爱的恋人杨美丹，成为他的妻子。杨美丹是东洲公社民建大队人，为东洲农机厂刨床工。他俩相差 1 岁，曾经同在民联附设初中读书，杨美丹比吴玉泉低一级。他们是工作后才开始相恋的。吴玉泉结婚了，有了帮手，办家庭工厂的基本条件，已经成熟。

专业生产电风扇的胜利大队胜利五金厂，由大队党支部书记陆丁来负责。吴玉泉找到了陆书记，直截了当地提出，想承接他们厂加工电风扇定子的嵌线业务。

当然，没有金刚钻，难揽瓷器活，吴玉泉是有备而来的。他的理由有两点：一是技术过硬，他拿出已加工好的电风扇定子，请工厂的技术员检验；二是能够采购到漆包铜线。那时，购买漆包铜线，需要铜票，这是国家计划经济年代严格控制的材料。而他，通过杭州的关系，能够采购到。

陆丁来和厂里的其他几位干部商量后，同意由吴玉泉加工，第一批就是 500 台电风扇电机的嵌线业务。

1982 年，吴玉泉的"地下"工厂正式启动，厂房就是家里的住房，设有两个工场，一楼 60 多平方米，二楼 50 多平方米。

胜利五金厂提供的只是定子铁芯，吴

家庭机电修理作坊工人正在绕线（1982 年）

玉泉从杭州采购来漆包铜线，又从官巷口的杭州火炬绝缘材料商店买来辅助材料，然后就开始加工了。

他晚上放电影，白天只要没有其他事情，就在"地下"工厂上班，既是老板，又是技术人员，还是工人。职工除了他的妻子杨美丹，还有三弟吴安长，堂妹徐国琴，妻妹杨美玉等。

生产电风扇零件这条路，吴玉泉走对了。当时，有人做过调查分析，若问国产商品中哪三种最畅销，消费者就会不假思索地列举出一是香烟，二是白酒，三是电风扇。而在浙江省，在人们的印象中，第一位的是电风扇。

可是，一台华生牌电风扇，售价180元。一般的工人，一个月只有30多元的工资，也就是说，一个工人，就是不吃不喝，还得需要将近半年才能买台电风扇。大多数工人家庭买不起这件奢侈品，农民就更不用说了。买零件自己装，只要五六十元，三分之一的价钱。稍许懂得电器知识的人，就能够自行装配。因此，吴玉泉的电风扇零件，有一定的销售市场。

吴玉泉把制作的电风扇配件，偷偷拿到外地的一些露天机电市场出售。世界上没有不透风的墙，吴玉泉办"地下"工厂的事，终究被捅出去了。这天，大队干部来到吴玉泉家，让他去大队部。但是去做什么，大队干部没有说。吴玉泉边走边猜测，总不会是好事。他忐忑不安地走进大队办公室，看见两位工商行政管理所的人员。

工商行政管理所的人员，对吴玉泉私办"地下"工厂的事，已经基本掌握。事情到了这一步，吴玉泉也只得承认。经过批评教育，他被罚了款，写了检讨，使他难以接受的是需要立即停止生产。

吴玉泉表面上答应，生产更加隐蔽了。后来，工商行政管理所人员也来检查过几次，见他家大门紧闭，从窗户、门缝往里张望，也没有人影，以为已经停止生产，就离开了。其实，吴玉泉及他的工人们，一边加工，一边关注着窗外的路上，远远看到工商所的人来了，就把半成品遮盖好，悄悄地从后门溜走，或者躲藏起来。

二、浴火重生

那段时间，吴玉泉既有体面的工作，家里又有作坊，看起来风平浪静，岁月静好。可是，一场灾难，正在悄然等待时机，准备向他袭来。

1984年6月5日，端午节的第二天。这个日子，吴玉泉永远也不会忘记。

这天晚上，天气晴好，吴玉泉在江丰乡五星村放映电影。刚放完一卷加映片，就突然停电了。因电力资源不足，又是农忙，三天两头停电，一般要到晚上9点甚至10点以后才能来电。他本来还想等待的，可眼下，正是收割大麦和油菜后种田的季节，电到底什么时候来，也无法确定，若是电影放得过迟，可能会影响村民们第二天起早干活。于是，吴玉泉和村干部商定，明晚再来放映。

吴玉泉他们收好银幕，把放映机等设备放在学校的教室里，然后他骑着自行车往家里赶。弯弯的月亮，挂在天空，淡淡的月光，把小路照得亮亮的。因为给胜利五金厂加工的那批产品，急需赶出来，吴玉泉没有心情欣赏这美好的夜景，飞快地踏着自行车。

家里，吴安长、杨美丹、杨美玉、徐国琴，正在紧张地浸绝缘漆，定子嵌线。因为停电，只得用煤油灯照明。

吴玉泉一跨进家门，走上楼梯，直奔二楼，看他们忙碌着，马上脱掉衬衫、长裤，穿着汗衫、短裤准备干活。不知怎么回事，煤油灯倒了。地上放着绝缘纸、油漆等，这间又是木结构的房子，如果灯火引着那些易燃物，后果不堪设想，情况非常危急。

吴玉泉什么也不顾了，连忙过去，想去拿起那盏煤油灯，哪晓得忙中出乱，脚一撞，小桶的绝缘漆倒翻在地。油漆本来就是易燃物，这下是火上浇油。"哗"的一下，火烧起来了。心慌意乱的吴玉泉，被漆桶绊了一下，跌倒在地，油漆粘在身上，身上也着火了，他一边用手拍打着衣裤上的火苗，一边爬了起来。大火很快蔓延到整个工场，火势越来越凶猛。

杨美丹以最快的速度，拿来棉被，她想捂住大火。可是，来势汹汹的大火，棉被已经捂不住了。

吴玉泉清楚，靠屋里这几个人灭火是不可能的，便大声喊他们赶快离开。他刚到楼梯口，忽然想到，5岁的女儿玲玲还睡在旁边的房间，马上返回，跑进房里，从床上抱起女儿，快步走下楼梯。这时，隔壁邻居已经闻声赶来，一边喊"救火"，一边找盛水的用具。吴玉泉把女儿往他们手里一塞，又往屋里跑去。

他想到了心爱的电唱机，应该还来得及拿出它，便又冲进屋里。自从放映越剧戏曲片后，听越剧，已成了吴玉泉的一大业余爱好。他买来唱机、喇叭及其他的零件，自己组装了电唱机，又购买了《红楼梦》《追鱼》等唱片，放在楼下客厅，空闲时听几曲。

电唱机长1米，宽50厘米，高80厘米，他不知哪里来的力气，用两只手把它夹住。这时，凶猛的大火，已烧到楼下，他身上的油漆，已引火上身。把电唱机搬出来时，手上的肉都粘在上面了。

听到救火的喊声，村里的人都赶来了。他们很快分成两班，一班救火，一班救人。

救火的沈洪良及乡亲们用面盆、水桶盛水，不停地向房屋上的大火泼去。有人打了火警电话，等到消防车赶到时，火已冲上屋顶，木结构的房屋，哪里还扑得灭，大火整整烧了两个小时。由于消防队和村民们的奋力扑救，总算没有殃及周边邻居的房屋。

因为摔倒时身体粘上了油漆，吴玉泉从屋里出来时，已经成为一个火人。他清楚，如果在冬天，完全可以把外面的衣服脱去，也可以在地上打个滚，以此来熄灭身上的火。可眼下，只穿了汗衫和短裤，如果打滚，不但灭不了火，而且粗糙的路面只会擦伤更多皮肤。他想到了以水灭火，飞快地往有水的地方跑去。他来到池塘边，纵身一跳，跃入水中，身上的火总算被熄灭了。他从池塘中爬了上来，还没有跨出几步，就昏倒在池塘边。

看到吴玉泉从水里上来后昏倒在地上，乡亲们便知道事情不好，连忙围了过去。

屋里的人虽然已经逃出来了，但也受了伤。杨美丹伤势不轻，杨美玉的脚受伤，吴玉泉的母亲吴梅英看到着火，想去屋里拿东西，左手被烧伤。杨美玉和吴梅英伤势较轻，被送到村卫生室赤脚医生那里治疗。

受伤严重的吴玉泉夫妇，必须立即送往医院抢救。

村里搞黄沙运输的徐桂芳，有两辆装运黄沙的货车，他叫来驾驶员。可是，通往吴玉泉家的路十分狭窄，货车根本开不进来。他们只得卸下邻居的两扇门，把吴玉泉和杨美丹分别扶到门板上躺下，抬着他们一路小跑，送上货车。驾驶员油门一踩，风驰电掣地把他们送到富阳县人民医院。

医生把吴玉泉的汗衫剪掉，手表拿下，仔细地检查了他的伤势。他全身烧伤面积达80%，双手已经严重变形，右手小拇指根部露出了骨头，已昏迷不醒，随时都有生命危险。杨美丹伤势也十分严重，烧伤面积达30%。医生一边给他们挂盐水，一边要他们立即转到杭州医院。

徐桂芳叫了医院的救护车，陪同着来到杭州市第一人民医院。看病要先付款，吴玉泉的家人急急忙忙赶来，没有带现金。幸亏徐桂芳还备有点钱，帮助付了100多元，办好挂号等手续，医生开始抢救。

吴玉泉的大阿舅杨承国，是杭州钻探机械厂的技术员，他闻讯后，连夜赶到医院，可身边也没有带过多的现金，最后，拿出工作证作抵押。等办好住院手续，徐桂芳才返回富阳。

夫妻俩同住一个病房。吴玉泉烧伤面积过大，医生说是绿脓杆菌感染，非常危险。头几天，吴玉泉发生过好几次昏厥，有时清醒，有时昏迷，经常说胡话，做噩梦，梦见有人追他、打他。

手术分几次进行，他臀部的皮肤被取下一部分，移植到脚上、手上。他的大拇指肿得像鹅头，伤处只要一触碰，就比刀割还要痛，烧伤引起多种疾病迸发，吴玉泉强忍着痛苦，每天都在与死神赛跑。

医院把他列为重点患者，烧伤科专家医师朱友斌，连休息日也特地到医院给他换药。在医生的精心救治下，吴玉泉终于挺过来了。

他们夫妻俩在杭州住院3个月后才回家休养。按当时的医疗条件，吴玉泉能够被医好，也算是个奇迹，医生护士都说他命大。

夫妻俩的医疗费高达2万多元，不但花光了他们多年来的积蓄，还欠了不少外债。要知道，富阳县首次万元户大会，是在1984年11月中旬才召开的，2万多元，相当于两个万元户家庭的年收入啊。

1971年建造那四间两弄①200平方米的房子，变成了一片废墟。

村里对他家开展救济，为他们捐了被铺、帐子等日常用品。电

---

① 四间两弄：指中间可隔开成四间，两边各有楼梯弄的房子。

影公司所属的各电影放映队，也都纷纷捐款，民政部门把他列为火灾救助户，直接把 4000 元救助费，汇入杭州市第一人民医院，充作医疗费。

回家后，吴玉泉夫妇在家里休养了个把月，又去了杨美丹的娘家，继续服药养伤。

那天，杨美丹的二哥杨承高来接他们。他用的是独轮车，吴玉泉夫妻俩，一个坐左边，一个坐右边。

烧伤的痛苦，是常人难以想象的。由于血液循环不畅通，每当小便时，吴玉泉的双脚，好像什么东西在戳，非常难受。但他还是坚持着，与病魔抗争。晚上早睡，清晨早起锻炼，身体开始慢慢地恢复。这一住，就是三个月。

命运弄人，吴玉泉刚刚起飞，却被折断了翅膀。

这场大火，给吴玉泉的身体造成了严重伤害，尽管表皮已经愈合，但他的免疫功能下降，全身留下了永久性的伤疤，两只手几乎变形，手不能伸直，脚踝活动时皮肤受到牵拉，迈不开步。冬天，手脚开裂，碰着伤处便是钻心的痛；夏天，皮肤结疤出不了汗，伤疤奇痒。烧伤导致的后遗症，使他出院几个月后，不得不重新开始学习走路。呼吸、吞咽以及说话这些极其平常的事情，对他来说，也是困难重重。

为了今后正常的生活，为了能够重新站起来，在家人和朋友的帮助鼓励下，吴玉泉进行康复训练。他坚持天天锻炼，慢慢地重新学会走路，再快走、慢跑、快跑。此外，他还学习写字，学习做轻便活，一切从头开始。当重新能够握笔写字，重新迈开脚步时，他看到了希望，锻炼的劲头更足了。

失火事件之后，吴玉泉成了三等残疾的持证者。双手扭曲变形，特别是右手，使他在与人握手时，都不好意思伸出来。

他的身上，留下了一千多个伤疤。正常人感冒，挂几瓶盐水能够治愈，可他，不仅极难找到静脉，打针需两名护士合作，还要刺好几次才行。皮肤遇冷就开裂，腰疼、牙痛、痛风，服药后，这病治好了，那病便会发作。这些，都是免疫功能下降的缘故。

从某种意义上来说，悲剧最能磨砺人。烈火中炼过，大锤下锻过，冷水中淬过，方能锻出一块真正的好钢。

孟子曰："故天将降大任于斯人也，必先苦其心志，劳其筋骨，饿其体肤，空乏其身，行拂乱其所为，所以动心忍性，曾益其所不能。"

凤凰涅槃，浴火重生，吴玉泉将经受新的考验。

三、正式办厂

困难对于弱者，是一座难以逾越的高山，而对于强者，则是一块砥砺意志的磨刀石。

休养一段时间后，吴玉泉可以活动了。他来到那空空荡荡的废墟边，这里曾经是他的家，是他的厂房。可是，现在什么都没有了。以后的路怎么走？命运把他推到了人生的十字路口。

亲戚朋友劝他，办厂风险大，千万不要再去做这种行当了，凭他的脑筋，找点轻便活儿做，也不是难事，照样可以过上舒坦的生活，难道非要马撞南墙不回头？

富春江的夜潮轻叩着堤岸，恰似母亲的催眠曲，有节奏地响着。但是，躺在床上的吴玉泉，翻来覆去怎么也不能入睡。他索性起了床，来到北支江边。晚风轻拂，星海浩瀚，在淡淡的月光下，他慢慢地走着。"哗！哗！"的潮水声，显得空旷而孤寂，在吴玉泉听来，既像沉重的叹息，又似深情的呼唤。可是，他的脑子里，像塞进了一团乱麻，怎么也理不出一点头绪。

摆在面前的路有千万条，走哪一条好呢？一阵阵的江风，终于使他的头脑清醒了，好像突然间把那层薄薄的窗纸戳破，他感到开朗。敢问路在何方？路在脚下。

吴玉泉有坚韧不拔的性格，凡是他认定的事情，无论怎样，都会去做。他有非常坚定的信心，坚信无论困难有多大，最终一定能克服，一定能从逆境中崛起。

人要坚强，要有骨气，要振作精神，遇到挫折，不应该瘫倒，哪里跌倒，得从哪里爬起来。只要精神不倒下，办法总比困难多。吴玉泉下定决心要东山再起。

当然，他也清楚，创业，从某种意义上来说，是冒险。但这种冒险，对他来说，充满诱惑，有着令他神往的魅力。

对于他钟爱的事业，他打着比方说："人要生病，这是自然规律，生病离不开医生。机器也是同样，出现故障是正常现象，修理后照常可以使用。现在，农村已开始向电气化、机械化迈进，机修工不会没有活干。"是的，他有修理电动机的技术，又爱好这一行。就拿电风扇来说吧，106个零件，他倒背顺背，都能背得出名称。电机维修这条路，他走定了。

吴玉泉是拼搏者，也是追求者，即使在戈壁滩上，他也要长出一片绿洲来。

随着政策的进一步放宽，国家允许农民从事个体工商业经营，允许农民进城务工经商。这信息，恰如一声令人惊喜的春雷，给富春大地带来勃勃生机。

1984年2月27日,《国务院关于农村个体工商业的若干规定》发布。个体工商户可以请一两个帮手,带三五个学徒了。富阳工商行政管理部门对于请帮手、带学徒超过政策规定的,不急于限制,而是先"看一看"。这"看一看",为发展个体经济创造了宽松的环境,从而极大地鼓舞了大批农村剩余劳动力从事个体经营的热情,吴玉泉长期压抑的积极性,得到了充分发挥。

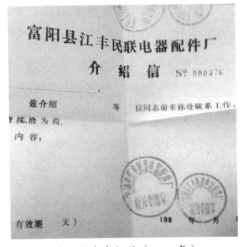

办厂初期介绍信(1985年)

1985年2月,吴玉泉获批了营业执照,挂上了"富阳县江丰民联电器配件厂"的牌子,刻好公章,印好介绍信,对外承接业务。他的经营活动,终于从"地下"转到公开,成为一家名正言顺的民营企业。

于是,他迫不及待地要实施自己的宏伟蓝图了。他像闭憋良久的水库之水,突然抽去了闸板,奔腾而出,浩浩荡荡,锐不可当。他的企业,主要生产电风扇、电机配件,经营范围包括电动机、自行车、潜水泵的修理,以及电焊、氧焊、电瓶充电等项目。除了他自己,还有杨美丹、吴安长、阿舅杨承裕等人,算是帮工和学徒吧。

在五金加工企业愈来愈激烈的竞争中,要求得生存和发展,自然需要资金、设备、厂房、原材料和劳动力等外部条件。

在那场火灾中,自制的烘房、绕线机,以及产品和半成品,都已经报废。一切都得从零开始。办厂需要流动资金,但巧妇难为无米之炊，资金缺少，是一个不小的关口。俗话说，一分钱难倒英雄好汉，而吴玉泉缺少的何止是一分钱，起码得 2000 元。亲戚朋友中，能借的，在治病时都借了，再向他们借钱，吴玉泉实在开不了这个口。退一步说，能从他们那里借到的，只能是几百元、几十元，对于办厂所需来说是杯水车薪，仍旧解决不了问题。

这么大的一笔资金，唯一能借给他的，只有农村信用合作社。于是他下定决心，硬着头皮，去碰碰运气。尽管有心理准备，尽管不住地为自己打气，他还是带着卑微自怜的心情，走进了农村信用合作社的大门。

吴玉泉想贷款，但谁肯给他做担保？他拿什么作抵押？谁都清楚，一场大火后吴玉泉哪里还有什么财产。

不出所料，面对这种情况，农村信用合作社的答复很干脆，"没有这个先例"。吴玉泉不死心，过了几天再去，还是脚底粘石灰——白跑。

被逼得焦头烂额的吴玉泉，已没有别的路可以走了。农村信用合作社这条路走不通，找他们的上级单位试试。于是，吴玉泉来到县农业银行，找到行长张锡松、党组书记陈才水，汇报了自己的情况，说："我手上有电风扇的核心技术，组装的电风扇非常畅销，零部件一到杭州市场，很快卖完。"向银行请求贷款。

行长、书记商量后，要他先回去，他们会打电话到农村信用合作社"打招呼"的。

可当吴玉泉再次来到农村信用合作社，等待他的和前两次一样——碰壁。为了资金，他日里夜里都在想办法，吃饭不香，觉也睡不着。工厂办下去，以后资金周转总会遇到困难，贷款的路，一定要走通。他想到，这年头骗子多，可能自己只是嘴上说说，他们不一定相信。

他拿了一套自己制作的电风扇定子、转子，用报纸包好，放进黄帆布袋里，背在身上，乘头班车来到富阳，再次跨进富阳县农业银行行长张锡松的办公室，正巧，陈才水书记也在那里。

吴玉泉从包中取出电风扇零件，如数家珍地介绍了它的构造原理和构造工艺，还对两位领导说，目前，正在为胜利五金厂的电风扇嵌线。胜利五金厂，在当时的富阳，小有名气，县领导还在全县大会上表扬过。作为富阳县农业银行的负责人，自然清楚。

吴玉泉对自己技术的自信和对未来开办企业的规划，打动了行长和书记，他们决定帮助他。商量后，当即拍板，同意贷款。

其实，世界上的事情，有时就那么简单，只要你不放弃，坚持往前再走一步，就会走出一条成功之路。

吴玉泉第四次来到农村信用合作社，终于贷到了 2000 元钱。资金到手后，吴玉泉雇人用泥砖砌墙，上盖石棉瓦，在废墟上搭起了三四十个平方米的简易工棚。买来坩埚、炭炉、压铸机等设备，铝锭、定子和转子铁芯、硅钢片、转子轴等材料，开始重新为电风扇上的定子、转子、硅钢片压铸加工、嵌线装配等，帮工增加到6人。

在为胜利五金厂加工的同时，他们还为萧山义桥扬谷机厂、江苏宜兴电扇厂加工电机，年产量达 3000 多套。

1985 年七八月份，吴玉泉看到，农村经常停电，便想到了蓄电逆变器。蓄电逆变器能使直流电变交流电，还能储存电，有电时充电，停电时可以点电灯，放电视。

为试制蓄电逆变器，他请来了浙江水利水电学校老师楼永仁，杭州钻探机械厂技术员杨承国做指导。自己采购材料，自己设计图纸，3个月后，新产品试制成功。

吴玉泉先在家里试用，停电时，村里大多数人家漆黑一团，而吴玉泉的屋里如同白昼，这无疑是做了广告，一些人前来购买。

蓄电逆变器售价每套200元，在当时，可以说是奢侈品了。吴玉泉发觉，来买的都是经济条件好的家庭，产品虽然不错，但不是一般人家能够承受的，销路很难打开。后来，用电恢复正常，蓄电逆变器生产了一年后，只得停产。

四、杭城摆摊

改革开放，为吴玉泉提供了展示才华的舞台，但是，创业路上，并非一帆风顺。创业的艰辛，难以用笔墨形容。

中外一些成功人士，在成功前曾摆过地摊。有句话说得好，作为一个公司的老板，你可以不懂财务，你可以不懂技术，但不能不懂销售。摆地摊，绝对是锻炼销售能力的好方法。

其实，吴玉泉在经营"地下"工厂期间，就开始在杭州的地摊上卖电风扇零配件了。

那时，吴玉泉他们的生产能力，已远远超出承接的那点业务。如何打开销售门路，吴玉泉可谓绞尽脑汁。像他们这样偷偷摸摸生产的"地下"工厂，是不可能把电风扇零配件卖到国营电风扇生产厂的。

吴玉泉打听到，浙江展览馆旁边的地摊市场，还有专卖电风扇零件的区块。为此，他去杭州实地了解情况。

建于20世纪60年代末的浙江省展览馆，就在武林门附近，客运码头、长途汽车站离此地不远，水陆交通便捷。1980年3月，展览馆西侧的马路上，开始摆出一个个小摊，后来，越摆越多，形成了集市。那时，没有什么批发市场，普通人进不到什么货；而那些头脑活络、有经商经验的杭州人，从广东广州、福建石狮等地进来服装、电子表、日用小商品，摆摊做起了生意。后来，连外地一些制作小电器、小五金的作坊业主，也掺和进来了。市场越扩越大，生意也越做越红火。因为浙江省展览馆初名为红太阳展览馆，因此，杭州人称那个路边市场为"红太阳地摊"。

吴玉泉来到杭州龙翔桥公交车站，一路打听，在浙江省展览馆西侧，找到了电风扇零件专卖集市。市场就在露天小街的两边，熙熙攘攘，到处都是人。小商小贩顶着烈日，正在使劲地吆喝。

电机、电容、定时器、琴键开关、摇头软轴、开关箱、机头罩、网罩、齿轮箱、连杆、机身、机座等，在这里各种电风扇配件应有尽有，真是个电风扇零部件的世界，吴玉泉看得眼花缭乱。货品符合当时普通群众的消费水平，价格便宜实惠。只要在摊位前转一圈，就可以配齐整台电风扇的所有部件。

吴玉泉感到惊讶，在他的脑海里，贩卖商品被当作投机倒把，私人生产是资本主义尾巴，摆地摊，不是正大光明的事。想不到，在省城杭州，他们竟敢私人经商，还有这么多人明目张胆地公开买卖。眼前出现的场景，使他大开眼界。

吴玉泉也"豁"出去了，把生产的电风扇零部件，拿到杭州红太阳地摊市场叫卖。

大火后的一年多时间里，他因为养伤而停产，中断了在杭州的摆摊。

这时的吴玉泉，身体还没有完全恢复，连走路都不方便。一箱零件，起码一百多斤重，不要说搬运，就是跟着走，空手上车下车，也是困难重重。再加上公交车班次少，又要转车，他只得请弟弟吴安长一起去，搬运这些重活，都归吴安长做。

从浮沙村到杭州，毕竟有些路，为赶头班车，天还没有大亮，他们就出门了。放零件的木箱搁在自行车后座架上，一路推着走，经浮沙渡，上船过北支江，三四里路到周浦，来到停靠站，放好自行车。

那个时候，人多车少，34路公交车一到，车门一开，人们就往上挤，甚至有人从车窗爬进去。吴玉泉好不容易挤上车，人还未站稳，就被蜂拥而上的旅客往后面推，身体虚弱的他，已身不由己，伤疤撞到了车椅钢管上，顿时，鲜血直流，伤口钻心的痛，他只得忍受着。每次乘车，都是对吴玉泉意志的考验。

摆地摊，风吹日晒雨淋，辛苦自不必说。买零件装电风扇，以夏天为主，在猛烈的太阳底下，买家和卖家都吃不消，所以，大家约定俗成，只在上午交易。一般早上七八点钟，吴玉泉他们就到市场了，去得太晚，没有好摊位。占好位置后，吴玉泉拿出电风扇定子、转子，开始叫卖。

400毫米电风扇定子、转子

见顾客围上来，吴玉泉便把主绕组头尾，副绕组头尾，接线方法，详细地介绍起来，这也算为自己做广告吧。顾客听了、看了，知道他不是做转卖生意的商贩，而是懂技术的生产者，相信他是自己制作的，买他的货更牢靠。因此，他的零件卖得比别人快。

购买者中，有专买零配件，安装后销售电风扇的，也有买出了经验，受亲戚朋友之托经常来采购的。这些人买回去后，看零件质量过硬，价格公道，就成了吴玉泉的回头客。几趟下来，吴玉泉的电风扇零件小有名气，有时他人还未到，顾客就在等候了。因此，他尽量提早到达，免得老顾客等待。

17元一套，一次带50套，销售额850元。一般上午10点钟就能卖完，吴玉泉可以赶回家吃中饭。

因生产能力有限，家里五六个人做，只能隔天去卖一次。可以说，炎热的夏季，产品供不应求，他们得争分夺秒地生产。

生产电风扇零件的原材料，要到萧山、余姚、杭州、嘉兴等地去采购。往往是吴玉泉先联系好，把好质量关，再派吴安长他们去装运。

电风扇零件的销售和生产，受季节的制约，天气冷了，市场也跟着转冷，一般到11月，他们就停止零售，没有卖掉的零件，只有等待来年销售。

1985年下半年，吴玉泉办厂有了积蓄，决定重建家园。他到万市山区，买来旧屋拆下的木头，在原来的地基上，建造起四间两弄落地面积400多平方米的新屋。

房子落成后，吴玉泉办了两桌酒席，特地把火灾发生时救助他的人请来，以薄酒表达谢意。

人无千日好，花无百日红，与兴盛相伴的总是危机。到20世纪80年代后期，随着国民经济的发展，电风扇供求状况也逐步改变，市场日趋饱和，热潮开始消退，行情已经下跌，市场前景不妙。1987年，仅杭州市的商业部门，库存电扇就达10万余台。吴玉泉持续多年的杭州地摊卖电风扇零件，也只好画上句号。

下一步路怎么走？吴玉泉又面临着新的严峻考验。

走出沙洲

　　随着电风扇配件市场的萎缩，吴玉泉把业务转移到电机修理上来。可是，在东洲本地能有多少修理业务？尽管有好酒不怕巷子深之说，但是，需修理的电机毕竟是笨重之物，在还没有私家车的年代，谁愿意把它送到这交通不便的地方来呢？

　　当然，如果只想混日子，凭吴玉泉的技术，就是在民联村，也可以过上安稳的生活。但是，要有所作为，得开辟另外的路。创业者是不会把脚步停留在任何一个句号上的。吴玉泉毅然决定，走出沙洲，重新创业。他来到富阳城区，从花坞桥头起步。

一、创办电机修理部

开拓者自有开拓者的眼光，开拓者自有开拓者的魄力。通过几年的闯荡，吴玉泉的视野越来越开阔。

进入 20 世纪 80 年代中后期，改革开放的步伐在不断加快，社会主义市场经济体制进一步推动着经济社会的发展，富阳城区随处可以见到施工的建筑队伍，夜深人静时，工地上还传出潜水泵的抽水声。

这些微妙的现象，对一般人来说，想到的是城里又要多几幢新房子了。但是，在吴玉泉的眼里，城市建设，对他这个修理电机的人来说，充满了商机。

在修理电器时，吴玉泉感觉到，现代化的工农业生产中，电动机的应用已非常广泛。机器用久了容易损坏，修理也是必然的事。但是，那个年代，东洲沙上，除了农用的打稻机、抽水机，粮食加工厂的碾米机、磨粉机，很少用到电动机。为了接触更多更大的电机，为了在实践中学到更精湛的技术，吴玉泉毅然决定，走出沙洲，到富阳城区开办修理部。

1986 年的 7 月，天气炎热，也正是潜水泵、电动机等机械设备使用的高峰期。吴玉泉来到富阳街上，四处勘察，他需要一个交通便利，既要热闹，又要离东洲近，还要避开居民居住密集的场所。几天的奔波，他终于相中了花坞桥头潘宝泉的房子，那间 30 多平方米的店面屋。

办好租房手续后，他找来石灰，在外墙上刷了一块白，打了个长方形的框，写上"花坞桥头电机修理部"9个30厘米高、20厘米宽的大字。电机修理部正式开张，专修电动机、潜水泵、抽水机及农用电器设备。它成为富阳县城区第二家经批准的个体电机电器修理部。

电动机修理大多需运送过来，对于无法用自行车驮的，只能雇汽车拉，这自然增加了开支。为了运送方便，吴玉泉购买了重庆产双排小货车。联系业务时需要电话，可在那时，私人装电话的还很少。吴玉泉托了好多人，才申请到一个安装名额，电话号码为五位数。

富阳花坞桥头电机修理部工人在修理电机（1986 年）

有首歌唱道："外面的世界很精彩，外面的世界很无奈。"吴玉泉深深地体会到了。砻糠搓绳起头难，在人生地不熟的异地他乡新开店铺，困难一个接着一个。好不容易铺开摊子可以营业了，但是，人们对他的修理技术、信誉还在观望中。一开始，业务极少。房东潘宝泉看在眼里，也担心这个修理部是否能够生存下去，他给吴玉泉做宣传、介绍业务，而且还主动提出房租可以先欠一次。

寒冬腊月，天寒地冻，别人在烤火打牌，而吴玉泉，照样在拆装那些冰冷的电动机。手红了，冻麻木了，爆出了血。说不痛，那是假的，十指连心呐。但是，为了在城区站住脚、打好基础，他只有强忍着。

外行人看到吴玉泉身上的工作服油渍麻花，知道他干的活劳动强度大，大多数人以为，他只会干一些没有技术含量的粗活。其实，修理电动机，需要有扎实的钳工知识和过硬的电工基础。吴玉泉清楚，干这活儿不能粗心大意，否则，不但要重复劳动，而且还会影响声誉，砸烂招牌。因此，修理时，他认真负责，一丝不苟，绝对不让修理好的机器留下后遗症。

东阳的一家建筑队，在龙山路商业城建造房屋，这天，正在抽地下水，潜水泵突然坏了。包工头急了，这是要影响工程进度的啊，他四处寻找能够修理潜水泵的单位。

吴玉泉得到消息，主动找上门去。

包工头一看吴玉泉那双接近残疾的手，便怀疑他的修理技术，说："这可不是一般的抽水机，弄不好要修坏机器的。"看起来，一百个不放心。

吴玉泉笑了笑说："这样好不好，我给你们先修理，修坏了我照价赔偿。修好了，暂时不收费，你们先使用，到时候如果觉得修理不错，再看着给工钱，好吗？"

一时也找不到修理厂家，包工头无可奈何地点了点头，让吴玉泉把潜水泵运走。

修理这种潜水泵，对吴玉泉来说已是小菜一碟了。他拆开后就找到损坏的地方，更换了零件，修好后送了过去。这么快拿回来，包工头以为吴玉泉知难而退了，万万想不到潜水泵已经被修好了。包工头虽然疑惑着，但还是让建筑工人把潜水泵搬去使用。连续几天，潜水泵抽水性能良好。包工头服了，来到花坞桥头电机修理部，递过100元钱，尽管包括了零件费，但这钱远远超出了平时的收费标准。他拉着吴玉泉的手，要请他吃饭，还说："以后机器修理的事，包给你了。"

花坞桥头电机修理部吴玉泉的修理技术，像长了翅膀的小鸟，一下子传出去了，客户开始找上门来。

那时，富阳本地人在富春江中挖沙的还不多，黄岩的挖沙船经常开到富阳境内来。他们的船大，挖的黄沙多，赚的钱自然也多。那天下午3时左右，黄岩的陈老板船上的柴油发电机坏了，来找吴玉泉修理。

吴玉泉虽然没有修过柴油发电机，但他想，自己一天到晚和电机打交道，电机的结构都是差不多的，便跟着陈老板

富阳花坞桥头电机修理部，工人在修电机
（1986 年）

来到船上。把发电机拆开，发现是励磁回路故障，病症找到，修理就容易了。到6点钟左右，机器修好，重新转动了。陈老板请吴玉泉在船上喝酒吃饭。饭后，用小机帆船送他到岸上。陈老板问，修理费多少钱。说实在的，修理费还没有一个标准，又开业不久，吴玉泉也不知说多少好，就说："你看着给吧。"结果，陈老板给了100元钱。3个小时，收了这么多钞票，工人老大哥一个月也只有几十元。吴玉泉那个激动啊，走路都要跑了，一到家就跟妻子说："今朝发大财了。"后来，吴玉泉还和陈老板成了朋友。

陈老板告诉吴玉泉，他们那里有旧电动机市场，买回来修理后可以转卖。那时，电动机还是紧俏物资，吴玉泉想，这个主意好，就和他去了。汽车票也是陈老板买的，吃住均在他家里。

他们去黄岩旧货市场，那里的旧电动机真多，吴玉泉找到一批

1.5千瓦的电动机，拿万用表测试。有的老板允许先试，有的老板声明在前，要买，拿去，不买，不要去动，好坏全凭碰运气。因初次做生意，经验不足，加上赚钱心切，他一下子买了10台，运到富阳一试，只有一半是好的，这笔生意失败。

起步阶段，碰到高难度的活儿，吴玉泉不敢接收，但如果长期这样下去，连一般的修理业务都会跑掉，于是吴玉泉决定找一位技艺高超的师傅，拜师学习技术。

在富阳机电公司来雪珍的帮助下，吴玉泉认识了杭州电机总厂的技术师傅张宝庭。张师傅的姐夫在中华人民共和国成立前办过私人工厂，技术方面归张师傅负责。张师傅是个爱钻研技术的人，学会了不少绝活。张师傅收下吴玉泉这个学徒后，利用休息日，乘514路公交车，从杭州来到富阳，再到吴玉泉的修理部，手把手地教，要到很晚才回去。有段时间，杭富公路大修，路上都是坑，线路弯弯绕绕，杭州至富阳之间的公交车要开好几个小时，碰上没有座位，张师傅只得站着，乘车非常辛苦。吴玉泉感到不好意思，但又能说什么呢？1987—1997年，张师傅给吴玉泉做了整整十年的师傅兼技术顾问。吴玉泉虚心向张师傅请教，不

2018年2月7日，吴玉泉到杭州张宝庭师傅家拜年，师傅耳朵失聪，吴玉泉用笔和他交流

懂就问，把问到的知识写在笔记本上，空闲时拿出来看看，记在脑子里。他从张师傅那里学到了好多关键性的技术，他们师徒关系很好。每年春节，吴玉泉都要去杭州张师傅家拜年，就是现在也还在走动。师徒俩有说不完的话，张师傅说："我带了那么多徒弟，玉泉这个徒弟最好、最贴心。"

吴玉泉修理的水泵，大多是杭州水泵总厂生产的，这家工厂在杭州市航海路上，是国家二级企业。修得多了，吴玉泉的修理部被厂家列为富阳特约修理部。

修理电动机，得出去找业务，开小货车开支大，尽管有自行车，但有时要赶时间，再说，大多数电动机需运回来修理，用自行车带，非常不方便。吴玉泉花了3800元钱，到杭州买了辆日本雅马哈100型的摩托车。怎么运回来？他不会驾驶，便在杭州华家池的操场上学习，3个小时后，有点熟练了，便连夜从杭州骑到里浮沙村的家里，此时，已是凌晨3点钟了。

自此以后，他骑着摩托车去找业务，后来越跑越远，甚至连建德、桐庐，也是骑着摩托车去的。小型电动机可以装在摩托车上带回来，修好后再送去。碰到大型的电动机，只好在当地叫汽车运了。

保险公司推出了企业机损险，机电维修也可以纳入保险范围，机器损坏了，修理费由保险公司承担。吴玉泉得知后，便去保险公司协商，并达成了合作协议。所保险的机电设备，一旦发生机损险，保险公司就会随时打电话给吴玉泉，通知他去修理。

1989年10月，富春江第一大桥动工建造，由上海基础工程公司承建。修理部离大桥建造处不远，这天，上海公司的技术员路过吴玉泉的修理部，便问他，水泵、电动机能否修理。当得知能够修理后，便要他报价。修理是要看损坏程度、调换的零件才能定价的，眼下，这价怎么报，吴玉泉还是原来说过的话："先试着修理，到时再说。"

造大桥要建桥墩，在灌注水泥浆时，必须把里面的水抽干。有时，正在抽水中，突然潮水来了，带来泥沙，潜水泵被埋在泥沙下，此时，泵的热量散发不出来，温度上升，水泵电机端盖胀破，绕组被烧掉，因此，潜水泵经常坏掉，他们特地出来联系修理部的。吴玉泉先为他们试修了几次，他们感到满意。从这以后，上海工程公司的修理业务就包给吴玉泉了。

抽水灌注不能停机，有时半夜三更坏了，只要接到电话，吴玉泉总是把它当作突击任务，带上工具赶去。如果问题严重，便把故障的机器带回店铺，叫醒学徒，一起抢修。

由于潜水泵在抽水过程中经常会出现各种各样的毛病，常常需要及时修理，吴玉泉总是第一时间赶到。将近3年，吴玉泉的修理铺承担了大桥建造期间电动机和水泵的维修任务。

1992年4月，大桥完工时，吴玉泉收到上海基础工程公司富阳大桥工程指挥部送来的感谢信："杭州水泵厂富阳特修部：在技术上，精益求精，服务上，热情诚恳，为富阳大桥建设做出贡献，表示感谢。"

富阳大桥建成后，上海基础工程公司去了深圳，技术人员与吴玉泉还有书信往来。

吴玉泉除了修理工农业生产所用的大小电机，还修过医

上海基础工程公司富阳大桥工程指挥部感谢信（1992年）

疗器械呢。一天，新疆疗养院的医生走过花坞桥头电机修理部，看他在修电动机，便问他，补牙齿的砂轮机好不好修。吴玉泉一呆，但他转念一想，尽管砂轮机小，但原理应该是差不多的，就叫他们送来试试。

砂轮机的定子绕组烧掉了，吴玉泉清理好场地，还垫上纸，小心翼翼地把它拆开，进行更换。这机器实在太小了，两天才修好。

吴玉泉患了咽喉炎，去富阳镇医院治疗，需要雾化器喷喉。可是，好几台喷雾的机器坏了，只剩下一台在使用，患者排起了长长的队伍。吴玉泉便对医务人员说："我给你们修吧。"

医院管医疗设备的负责人正为这些坏了的机器犯愁，听到有人愿意修理，非常高兴，一下子拿出了5台。吴玉泉把它们拿回修理部，全部修好，还不收修理费。

随着春江一带的造纸企业增多，吴玉泉的业务一天比一天多起来，机器抢修常常通宵达旦，尽管非常辛苦，但他心里却是高兴的。

二、修泵师傅下乡来

下乡修理农机具，这是县农机部门和乡镇农机厂的事，对于个体修理部，谁愿意做这赔本的买卖。可是，吴玉泉做起了这件事。

吴玉泉出生于农村，又在农村长大，对农民的感情特别深厚。那时，他也经常碰到这种情况，打稻时，电动机停了；抽水中，水泵坏了。但季节不等人，发生这种事，真是急得像热锅上的蚂蚁。

为解决农民的燃眉之急，夏收夏种的"双抢"及抗旱期间，他带着工具，骑着自行车，奔波在田头地角，为农民服务。

1990年初夏，连续几天几夜的暴雨，新民乡横山村水沟的水猛涨，田野成了一片汪洋。雨虽然停止了，但浸在水中的稻禾已快坚持不住了，像水草似的在水面摇晃，渴求着大水快快退去。村民们搬来抽水机，把水抽回到沟里，让大水快点儿退却。

正当水一点点浅下去时，那台75千瓦的电动机突然停了，因为连续不断地抽水，它被烧坏了。水面停止了下降，村民们看着稻田，急得愁眉苦脸。

吴玉泉得知这一情况时已是傍晚，时间不等人，他带着工具赶去，通宵抢修被烧的电动机，使抽水机恢复工作，开始排除内涝，终于保住了稻禾。

吴玉泉修农机，根据具体情况进行分析，检查电源、接头的连接、开关的接触、三相供电有没有缺相、保险丝是否熔断等，他先检查这些内容，若是这些都完好，才检查农机自身的机械、电机故障。

1990年8月23日，经富阳县农机站考核合格，吴玉泉的修理部被定为农村机械电机维修点。一年后，又经过培训考试，吴玉泉考试合格，经浙江省电力工业局批准，取得农村电工合格证。

1992年8月5日，正值高温季节，连续10多天猛烈的太阳，大地快烤干了，稻禾急需水，农民们起早落夜，在高温下抗旱保苗。高桥镇泗洲村邱玉明刚插下的晚稻田，已经无法自然灌溉了，他搬来潜水泵，想把渠里的水抽到田里去。就在这节骨眼上，潜水泵停止了转动。稻苗渴望着水，潜水泵却罢工了，正当他急得不知怎么办时，远远看到有个人骑着自行车、背着工具袋而来，一看就是下乡修理农机的。是的，他就是吴玉泉，来到了田畈。邱玉明喜出望外，连忙大声叫喊。

吴玉泉过来了，从水中拉起潜水泵，拿出工具，拆开机器一看，原来是热保护器失灵了，这点儿故障能够就地修理。吴玉泉顾不得烈日高照，蹲在地上，摆弄着里面的零件。汗水湿透了衣衫，他也没有停下手中的活儿，将近半个小时，故障才被排除。按下电源开关，沟里的水又哗哗地流到了晚稻田里。真是旱地里下了场及时雨，邱玉明激动地握着吴玉泉的手，深表感激。

如何使用水泵，大多数农民不是很清楚，看到违反常规抽水的，吴玉泉就会教他正确使用的方式。如有位农民的水泵扬程10米，而水沟到机埠只有3米多，这好比大炮打蚊子，浪费资源不说，对水泵来说，也属于超运行范围使用。水泵额定扬程高，实际抽水扬程低，时间长了，会造成水泵发热而烧坏线组，缩短使用寿命。吴玉泉看到了，就走过去，向他指出这样抽水易产生的后果，还介绍了水泵使用常识。可是，这位农民只有这么一台水泵，再去买一台小型的也不现实。吴玉泉教他一个补救的办法，要他把水沟挖深，水管用稻草填高，尽量接近额定的扬程。那个时候，农民在野外水泵接电源，不是用三相插头的，而是直接搭在电线上。虽然危险，但在当时的情况下，也只能这样。吴玉泉看到后，就指导他们如何接线、需要注意的事项等，以保证用电安全。

农忙季节，吴玉泉去东洲、新民、高桥、新桐、新浦等乡镇农村的田头修理水泵、打稻机等。在他下乡服务的记录本上，仅1992年7—9月，就到过9个乡镇的20多个村，帮助200多户农民检修农机230多台。

因为吴玉泉的修理部是杭州水泵总厂的特约维修网点，在杭州

工匠 吴玉泉

水泵总厂供应富阳农机公司水泵期间，吴玉泉就到农机公司门口，做水泵试用及演示。他把柴油桶割开横放，装满水。用户买好水泵，吴玉泉就给他们试机，从柴油桶中抽水，指导他们使用方法。

吴玉泉讲信誉，求质量，且收费合理，因此找他来修理机器的人也越来越多，富阳各地的农民，几乎都知道富阳城区花坞桥头有家机电修理部，就连离富阳城区最远的龙羊山区，也常有农民到这里修理电动机和潜水泵。

根据多年的电机修理工作经验，吴玉泉总结出了一个规律，即修理电动机、潜水泵，有淡旺季之分。冬、春是淡季，夏收夏种前夕是旺季，农民都要把坏掉的电机设备修好，以作备用。如果是"双抢"或抗旱期间来修理的，肯定是在使用中损坏的，急需用的，要尽快帮助修好，甚至得加班加点。

吴玉泉在下乡中了解到，大多数农民不可能在家里另外再备一台潜水泵，一旦出现故障，若是修理时间长，就要影响抽水。为解决农民这一难题，他掏钱买了四五台潜水泵和电动机，放在修理部备用，如果农民急需，就借给他们使用；等坏掉的修理好了，再作调换，对暂借的机器不收租金。如高桥镇泗洲村杨纪铭，正在使用的潜水泵坏了，正好碰上下乡的吴玉泉。吴玉泉拆开看了看，需要调换线圈，起码得花两天时间，还得带回去修理。稻田已严重缺水，这可等不起呀。吴玉泉说，不要着急，我有办法。他连忙骑自行车回花坞桥头修理部，拿出备用潜水泵，放在自行车后座架上，缚好，送到田头，让老杨先用。第三天，把修好的潜水泵送到老杨那里，换回那台备用潜水泵。因此，老杨对吴玉泉非常感激。

吴玉泉到田头为农民服务的事传开后，《杭州日报》记者来采访了，以《修泵师傅下乡来》为题，刊登了他到田头为农民服务的事迹。

1995 年 12 月 3 日，杭州水泵总厂在西湖饭店举行全国性的潜水泵技术研讨会。借此机会，对当年做出成绩的三包特约维修单位进行颁奖。这是需经过用户评选的，吴玉泉的富阳特约三包维修点，连《杭州日报》都报道了，自然被选中，被评为二等奖。

三包特约维修部用户评选二等奖奖状
（1995 年）

《杭州日报》以《修泵师傅下乡来》为题，
刊登吴玉泉下乡修泵的事迹

吴玉泉登上了领奖台，手捧奖状，台下响起了祝贺的掌声。他心中非常激动，这份荣誉的背后是自己流下的辛劳汗水。

吴玉泉还获得了 3000 元奖金，这是他平生第一笔大奖金。

大型电机维修

法兰西第一帝国皇帝拿破仑·波拿巴有句名言："不想当将军的士兵，不是好士兵。"这句话的意思就是说，人一定要有理想，一定要有上进心，不能昏昏然地过日子。

这时的吴玉泉，过过小日子，吃口安稳饭，应该是不成问题了。但是，人要有上进心，如果安于现状，他的企业，永远只是一个小作坊。吴玉泉决定，开拓大型电动机维修领域。当然，业务、场所、技术……像一只只拦路虎，不时地出现在他的面前。

前进的路上充满挑战，这就需要有奋勇拼搏、开拓创新的精神。吴玉泉租住亚热带林业研究所的管山房，到高桥镇舒姑垟村建造厂房。从修理部开始，到修理厂。从小水泵、小电动机，到大型电机的维修，业务从富阳扩展到省内外。这些，都是他披荆斩棘一步步走出来的。

一、开拓新领域

在激烈的市场竞争中，每个企业都必须找到最适合自己的"一块蛋糕"，才有立足之地。一家作坊式的个体电机修理部，如何凭借不起眼的修修补补，树立起形象、占领市场呢？吴玉泉动足了脑筋。

20世纪90年代初，德清一带的水泥厂星罗棋布，因此，电动机的修理业务自然也多，吴玉泉就去那里跑业务。水泥厂一般在偏远的山区，那天，他开着跃进牌货车去德清枫洋水泥厂找一位主管电器修理的科长。路狭车堵，开开停停，等赶到那家工厂，已经过了下班的时间，那位科长早就回家了。这么多路，总不能白跑，再说，明天还要去别的地方，事到如今，只有直接去那位科长家里了。吴玉泉打听到地址后，便开车赶去。可是，那条路更小，货车根本开不进去。没有别的办法，只得找了个车位，停好车，步行前往。人生地不熟，夜里找人，更是难上加难，等他找到那位科长家，已是晚上10点多了……

有一次，去湖州小梅山的浙江水利疏浚公司，天还没有亮，吴玉泉就出发了。汽车开出不久，天下起了大雪，尽管汽车开得不快，但到他们公司时才8点。刚刚上班的科长，以为吴玉泉昨晚住宿在小梅山。当科长听说吴玉泉是一早从富阳来的，深受感动。在闲聊中，科长得知吴玉泉是富阳人时，说他们公司的书记也来自富阳，便带着他去了书记那里。他乡见老乡，自然格外亲热。俗话说，熟人好办事，对吴玉泉来说，又开拓了一条业务之路。

富阳到长兴煤山水泥厂，如果顺利的话，只要一个半小时就到了。可是，那段路上来往都是运石头的车辆，并且装载得满满当当的，因此，公路变得坑坑洼洼。路况差，车慢慢开就是了，最怕的是那种头小拖斗大的拖拉机，石头又装得满，经常发生爆胎。重车又无法拖到路边，在路中动弹不得，这样一来，路就被堵塞。尽管不知道什么时候能够换好车胎，但作为一个外地人，连脾气也不能发，只得耐心等候。有时路上碰到三四辆爆胎的车，单趟就要五六个小时。虽然，吴玉泉每次去那里都会担心，但为了业务，只得前往。

业务，除了"背着猪头寻庙"，不辞劳苦地联系寻找，还得靠优质的服务和精湛的技术。20 世纪 90 年代初期，在国人还没有售后服务概念的时候，吴玉泉已经意识到这一点了，对自己修理的电机，如出现故障，只要接到电话，便无条件地前去检查，甚至不是自己的责任，也不计报酬地协助修理。

建德卜家蓬水泥厂的 245 千瓦球磨电动机，是吴玉泉他们修理的，用了 3 天后，突然冒烟了。吴玉泉下午接到电话，便马上赶去。因建德在修公路，汽车停停开开，到他们厂已是凌晨 2 点了。吴玉泉顾不得休息，就去检查电动机。经测试，各种参数都正常，便再查齿轮箱，发现里面一只齿轮破裂，在运行时引起电动机转子大轴瞬间弯曲，进而导致定转子摩擦。齿轮不是吴玉泉他们的修理范围，等水泥厂的机修人员换好齿轮，再开机，就一切正常了。这虽然和修理电动机无关，但吴玉泉的认真对待，使厂家深受感动，对他们自然更加信任了。

接到富阳登城水泥厂的电话，已是晚饭后了。对方说吴玉泉修理的 380 千瓦高压电动机，带动机器后震动大，集电环还冒出火花。等吴玉泉赶到那里，已是晚上 9 点多了。吴玉泉检查后，电动机没有发现问题，把电动机和联轴器脱开，让电动机单独启动，转旋正常，于是判断应该是机械上的问题。可是，水泥厂机械修理班的机修工咬定说是电动机引起的，并提出调换一只集电环。见一时不能说服他们，吴玉泉连夜赶回富阳，又拉了一只新的集电环到登城水泥厂，试用后，集电环还是冒火花。凌晨两三点钟，分管的邱水生厂长来了，在吴玉泉的一再要求下，邱厂长让机修工把减速箱拆开检查，机修工在没有办法的情况下，只得拆开减速箱。直到这时，才发现里面的两个齿轮不吻合，也就是说，在安装时齿轮配错了，这是他们装配时马虎所致。在事实面前，机修工无话可说。于是采购了所需型号的齿轮，重新安装后，机器正常运转了。既然谁对谁错已经一清二楚了，吴玉泉也没有说什么，就回来了。事后，登城水泥厂办公室吴主任受厂里的委托，特地给吴玉泉送了面锦旗。

又是一个晚上，富春江冶炼厂的高压电动机出了故障，鼓风机停下来了，这将造成上百万元的损失。接到厂家领导的求助电话，吴玉泉顾不得夜里天黑，马上带着两个徒弟赶去，及时给他们修好。

富阳常安水泥厂245千瓦的电动机故障，生产线停止，吴玉泉安排人员通宵达旦修理好。还有临安青山水泥厂的电动机坏了，吴玉泉接到电话，便去运来抢修。

临安青山水泥厂装运烧掉的250千瓦电动机到厂里抢修（1990年）

正因为良好的服务态度，客户叫得应，指定要他修理的厂矿企业越来越多。

吴玉泉修理电动机在周边地区小有名气，造纸厂、印染厂、电缆厂的直流电动机，大型水泥厂高压电动机的修理，也纷纷找上门来。可是，技术、场地、设备，已远远不能满足业务扩展的需要了。

1990 年，在建的富春江第一大桥，将与花坞桥头相连的龙山路、大桥路、花坞路连接。道路要拓宽，花坞桥头电机修理部的房屋自然在拆迁范围内。其实，30 多平方米的场所，小型电机的小修小补还可以应付，而近百千瓦的，只能勉强修理，遇到 1000 千瓦以上的，只好婉言谢绝了。谢绝，从某种意义上来说，就是自断业务。

在亚林所租屋修电动机（1991 年）

在亚林所租屋修理高压电动机（1991 年）

寻找新的场所，扩大工作场地，已是急需解决的问题了。吴玉泉打听到，中国林业科学院亚热带林业研究所（简称"亚林所"）有座一层砖瓦结构的管山屋，位于富阳市第二中学前面的北渠边，建筑面积 96 平方米，周边空地宽阔。因久不住人，已经成了乞丐的住所。

吴玉泉便去商量，空着也是空着，亚林所同意了。1991 年春天，开始做搬迁前的装修及设备增添等准备工作。在空地上搭建工棚，盖上彩钢瓦，对连接公路的二三百米道路进行了整修扩建。

不仅把管山屋改成了车间，他们还安装了自制龙门架的 3 吨电动行车，起吊时能够上下左右移动。设备虽然简陋，但也实惠，可以承接水泥厂的磨机电动机、高压电动机等中小型电机修理业务了。

二、拜师学技术

虽然，场地的问题暂时被解决了，能够容纳中小型电机的修理，但是，对于中型电机，特别是大型电机，修理技术上还有一定的难度。一个人的能力毕竟有局限性，不可能无所不通。要想在电机维修上闯出一条路子，还需要掌握更精湛的技术。这就要拜师学习，否则，技术问题永远得不到解决。

只要县里举办和电动机维修相关的培训班，吴玉泉就千方百计想办法参加。1990年12月，吴玉泉得知富阳县老工人电工高级技术培训班将开班，就报名参加了。为了攻克电动机维修上的难题，吴玉泉还特地到上海电器科学研究所、哈尔滨大电机研究所等科研单位，自报家门，向他们请教。没有业务关系，没有熟人推荐，千里迢迢，寻上门来，那些专家感到不可思议，但还是被他求学的精神所感动，热情地接待了他。数次后，互相熟悉了，碰到难以解决的技术问题，吴玉泉就写信或者打电话给他们，专家们都乐意为他排忧解难。

1990年12月吴玉泉（二排左五）参加富阳县老工人电工
高级技术培训班

除此之外，吴

玉泉还到上海电机厂、上海宝山钢铁厂电机维修分厂、上海市第一电机维修中心、上海梅山电机修理厂、哈尔滨电机厂、长沙电机厂、河南南阳防爆电机厂等学习取经。

上海电器科学研究所要召开一个贯彻国家电机标准的会议，吴玉泉得知后，想尽办法争取到在富阳举行。会议地点定在富阳的亚林所山顶上的干部休养所。开会地点确定后，吴玉泉给他们出谋划策，并主动承担一些会务工作。结果，他成了实际的会务总负责人。全国 100 多家电机厂的技术厂长聚集在一起，这么多行业顶尖技术人才汇集，机会难得。吴玉泉把自己需要解决的一些疑难问题记在笔记本上，利用为会议服务的特殊身份，向那些技术厂长求教。晚饭后，他来到他们的房间，探讨技术上的那些难题。这次大会，使他受益匪浅。

但是，吴玉泉好想找个单位，花上十天半月的时间，系统地学习 JZS_2 三相整流子换向器电动机的维修技术。

上海先锋电机厂是一家老牌的国有企业，质量要求特别高。老牌子靠得牢，一些大型的电缆厂、造纸厂，都使用他们制造的 JZS_2 三相整流子换向器电动机。吴玉泉因为经常去他们厂采购零配件，认识了几位负责人。当然，要想学习别人的经验，也不是想学就能学的。

吴玉泉等待着机会，这机会终于来了。有一次，他们厂的几位主要干部出差将路过富阳，吴玉泉得到消息，提前做好了准备。他向他们介绍了全国重点民俗旅游发展项目新沙岛农家乐，并说，连时任国务院副总理谷牧都来过，还留下了"农家乐，旅游者也乐"的题词。何况就在富阳城区的对面。上海客人被他说动了心，吴玉泉便自告奋勇地陪着去新沙岛，坐牛车，看斗羊。这次接触，使他

吴玉泉等赴上海先锋电机厂学习（1988年）

们相互间的关系更加密切了。吴玉泉见时机已到，就提出想去上海到他们厂家参观学习的要求。这又不是什么大不了的事情，对方当即爽快地答应了。

1988年上半年，吴玉泉带着修理部的10多位员工，参观了上海先锋电机厂。其他人留宿了一夜先回去了，吴玉泉和吴安长、袁飞飞留了下来，他们要学习 JZS_2 三相整流子换向器电动机的修理技术。他们三人来到车间，开始学习。但是，学技术并没有想象中那么简单。上海师傅直截了当地对他们说："这项技术要求高，你们不可能在这里学个一年半载，十天半个月是学不会的。"

想想也是，这种技术，跟着师傅学，没有三五年根本出不了师。但吴玉泉非常自信，自己已掌握了一般电动机的修理技术，有了基础，只要努力学习、刻苦钻研，短期内学会这种派生电机的修理应该不成问题。他暗暗发誓，不学会技术就不回家。

他们老老实实地做起了学徒，下班了，把车间地面打扫得干干净净，工具归类放置好。第二天，天一亮就起床，早早来到车间，烧好开水。等到师傅们来上班，一切准备工作已经就绪。工作中，只要师傅对某件工具看一眼，他们就心领神会地把它拿到师傅面前。俗话说："精诚所至，金石为开。"上海师傅被深深地感动了，毫无保留地把技术传授给他们。

车间负责人还请来了一位中华人民共和国成立前的老技工，晚上给吴玉泉他们上课，讲解此类电机的结构原理、计算公式，边讲边画。夜里学理论，白天实际操作，理论联系实际。凭着吃苦耐劳的精神，短短半个月时间，吴玉泉他们初步掌握了高难度的 JZS$_2$ 三相整流子换向器电动机的修理和调试技术。

三、修理大型电机

吴玉泉他们从上海学习后回到富阳，正碰上临安天屹集团公司的三相整流子换向器电动机坏了，他们已找了好几家修理厂，怎么也修不好。这家公司是生产电缆线的，生产任务非常紧，客户正在等着提货。厂领导急得要命，打电话联系，吴玉泉答应去修理后，他们还特地派车到富阳，把吴玉泉师徒接走。

到临安天屹集团公司已是傍晚，时间就是效益，吴玉泉顾不得歇一歇便开始检查，谁知忙中添乱，几分钟后停电了。没有办法，只好先吃晚饭。一直等到晚上 9 点多才来电，吴玉泉花了一个多小时，机器就"轰隆隆"地运转起来，电缆线生产又继续了。生产负责人如释重负，舒了一口气。他们非常感激，特地用价值 100 万元的子弹头轿车把他们送回富阳。

又一天晚上，吴玉泉刚吃好晚饭，富阳富通集团电缆车间来电话了，一台日本进口的三相

吴玉泉为临安天屹集团公司修理 JZS$_2$ 三相整流子换向器电动机（1988 年）

吴玉泉修理的 500 千瓦高压电动机
（1990 年）

卷扬机出了故障。吴玉泉马上赶去，这台机器的毛病不小，直到天蒙蒙亮才修好。自从上海学习回来后，吴玉泉对付那些派生电机，在技术上已是得心应手了。

他们在亚林所租的房，本来就是临时性的，厂房简陋，位置狭小，起吊电动行车，只能上下左右移动，不能前行后退，修理大机器时得小心翼翼，非常不方便。场所，又跟不上发展的需要了。吴玉泉回忆这些年来，因租别人的房子，经常要调换地方，机器设备的拆装、搬运，既麻烦又会造成损失。今天在东，明天到西，连一些熟悉的客户想上门来，也寻找困难，给他们带来不便。吴玉泉决定，择地建造自己的厂房。他到高桥一带打听，得知舒姑垟村有块低洼地，村里有出让的意向。

舒姑垟村，在高桥东侧，由舒姑垟、料塘头、山头坞、谢墓、陆家岭、前山等自然村组成。明代有一尼姑庵，有尼姑 400 多人，生活舒适，取名"舒姑庵"。后温州人迁到此地定居，山间平地为垟，故名舒姑垟。

意向毕竟是意向，吴玉泉去协商，一开始并不顺利，跑了一趟又一趟，四五趟后总算谈妥。

1994 年 3 月，经富阳市土管局批准，向高桥镇舒姑垟村征地2.8亩。土地到手后，设计图纸，做好建造厂房的准备工作。1995 年春节后，基建开始。三层的办公大楼、10 吨行车的厂房拔地而起，建筑面积4500 平方米。在富阳电力公司的支持下，安装了一台 80 千伏安的变压器，建起了标准化的配电房。

高桥厂房建成（1996 年）

建厂十三周年厂庆（1996 年）

1996 年元旦，新厂房正式投入使用，厂名改为"杭州富春江电机电器修理厂"。同时，招收了 20 多位工人。业务范围从简单的农村机电修理，发展到轧钢厂、水泥厂、化肥厂、印染厂的电动机维修；从和高压电机、直流电机打交道，发展到大中型高难度技术电机的维护保养和抢修业务，成为当时浙江省大规模专业维修各类电机企业之一。

刚搬入新厂房，便迎来了兰溪市红狮水泥厂的客户，他们运来了急需修理的高压电动机。新的开端，业务接踵而来。为了运货方

修复的电动机送往浙江双鹰水泥厂
（1993年）

便，吴玉泉考了大货车A2驾驶执照，他开着货车出门承接业务，车上经常放一辆自行车。那时，一些道路狭窄，加上堆放货物，货车开不到厂内电工班，吴玉泉就停好汽车，改骑自行车。

浙江双鹰水泥厂、绍兴县第四水泥厂的电动机，都是吴玉泉自己驾车去拉回富阳车间修复的。浙江力顿特种水泥有限公司的一台750千瓦、6000伏磨机电动机坏了，修理得花一周时间，为了不影响他们的生产，吴玉泉想尽办法，帮助他们到另外的厂里借到了一台相同功率的电动机。等电动机修好，再把借用的那台换回，中间没有多收费用。

嘉兴化工集团一台200千瓦、10000伏的压缩泵电机，由于化工气体的严重腐蚀，已无法正常运转。拿到上海修理，虽然解决了一些问题，但未能从根本上达到安全运行的要求。2001年10月底，他们慕名找到富阳，请吴玉泉他们修理。吴玉泉答应下来后，便去嘉兴检查，并把它运到富阳。采

从绍兴县第四水泥厂运来需修理的电动机（1991年）

用提高绝缘等级、端部包扎、热态浸漆、热风循环烘干等工艺，增加了绝缘强度、功率和转矩等主要性能，使之延长使用寿命。对方使用后，运转正常。在客户说不尽的感激中，吴玉泉和他们道别。

2009 年 7 月 2 日，衢州元立金属制品有限公司一台防爆电机需要维修。防爆电机可以在易燃易爆场所使用，运行时不产生电火花。这是吴玉泉他们第一次修理这种电机，有一定的难度。经检查，定子需全部换铜线，转子得更换短路铜环，厂里没有这种铜环，只得到外地采购。经过技术人员加班加点突击抢修，于 7 月 23 日送到衢州公司，吴玉泉他们在技术上又有了一大突破。

有时，客户夜里把需要修理的电动机送来，吴玉泉不但及时组织抢修，还帮助来人安排食宿。

供水的自来水厂，几乎没有灰尘，机房比较干净，而且还有备用电机，相对来说修理的概率低。但机器要运转，也不可能不发生故障，因此吴玉泉还把修理业务拓展到自来水厂。

2001 年 5 月，衢州石头坪水厂的一台 220 千瓦 10 千伏高压电动机，只要一启动，就发"高烧"。吴玉泉和公司技术人员前去会诊，对电机的铁芯做了铁耗试验，找出了问题，对症下药。将定转子铁芯位置做重新调整，还改造了通风系统，更换了绕组。修复后，通过测试，绝缘耐温达到了 F 级国家标准，终于使这台病机恢复健康。

2001 年 6 月，杭州清泰水厂进水房一台 290 千瓦的电机突发故障。经检查，是电动机绕组烧掉了。6 月份，水厂的供水已经进入旺季。水厂领导便想到了曾经来厂修理过的吴玉泉，就打电话联系。水厂领导要求 5 天内修复电机，吴玉泉向厂领导保证，一定按时完成任务。结果，只用了 4 天时间，这台电机又回到自己的岗

吴玉泉在高桥厂房做电机电气试验（1996年）

位上。

杭州祥符水厂，两台电机振动严重超标，噪音大，耗电量也大，给安全供水带来极大的隐患。吴玉泉检查后，把电机运到富阳，经过认真分析，通过对转子静平衡和动平衡的严格测试配重，对转子不合理的结构加以改进，对定子做清洁绝缘处理，最后做总装试车，使振动完全达到标准。

富阳第二自来水厂，从德国引进的5台10千伏高压电机，在安装过程中，由于安装单位的操作失误，导致泵房进水，5台电机的绝缘严重受潮，绝缘电阻为零。吴玉泉带领技术人员赶到现场，仔细检查，决定把电机全部拉到公司修理。用独特工艺对电机进行烘干和绝缘处理，以高科技手段使电机迅速排除水气。经过七天七夜的连续奋战，电机恢复了正常功能，使水厂如期投产。

2009年8月10日，富阳受"莫拉克"台风的影响，全市出现大暴雨天气，雨量166.3毫米，由于风大雨急，加上前

吴玉泉在高桥厂房修理电动机转子（1997年）

期 7 月下旬到 8 月上
旬出现历史少见的盛
夏持续低温阴雨，富
阳的经济损失惨重，
100 多家企业因受灾
而停产，大批电动机
受淹损坏。接到富阳
市保险公司的通知，
吴玉泉带领技术人员

高桥厂房修理车间（1996 年）

奔赴受灾企业。检查后回到公司，当即做出部署，将技术人员分成
两批，一批到现场拆卸、调试，一批在公司内抢修。经过 10 多天
的苦战，为受灾企业修理电动机和电器设备 300 多台。保证了企业
灾后及时开工，得到用户的好评。

　　吴玉泉他们的杭州富春江电机电器修理厂，为省内供水厂、造
纸厂等 20 多家企业的 50 多台 6000 伏电动机，改压至 10000 伏。
电动机改压后，出力不变，转速不变，运行正常，可为企业节约大
量设备投入，增加效益数百万元。还为 30 多家水泥厂改造"JR"
高压电动机集电环和通风系统 100 多台，改造后性能稳定。

　　农夫山泉股份有限公司、杭州第二水泥厂、桐庐桐君水泥厂、
建德水泥厂、建德寿昌卜家蓬水泥厂和西华水泥厂的电动机，基本
上都由吴玉泉他们维修。吴玉泉还和富阳造纸厂、富春江造船厂、
富阳桥梁队、富阳水泥厂、渌渚水泥厂、富阳化工厂等单位建立了
电动机的承修业务关系。

　　为什么这么多单位会请吴玉泉维修？吴玉泉自信地说："服务
的前提除了精湛的技术，还必须依靠高质量的原材料和先进的工艺

高桥厂房（已拆除）（2001年）

设备。"今天的质量，就是明天的市场。修理用的原材料和零部件，他们不是从市场上进货，而坚持从经过质量管理ISO体系认证的生产厂家直接采购。同时，以电机生产厂家的正规工艺来保证修理质量，这是他们始终遵循的两条原则。至于设备，有高低压线圈成套制造设备，全封闭恒温无尘定子线圈制作车间，转子铜排扁绕机，500吨压床和金加工设备，可控硅大电流自动温控加热设备及槽绝缘热压设备，还有设施先进的测试中心，可进行电机线圈匝间脉冲试验、介损试验、防晕试验、槽电位检测、高压试验、铁芯温升和短路试验及电机启动试验等。此外，还有3个自动温控热风循环烘房和相应的定子、转子整体浸漆设备。这些先进设备，使他们的公司无愧成为多种类型的电机及附属设备改造、维修和安装的专业单位。

事业虽做大了，可吴玉泉一直保持诚信服务的良好风尚，他们的客户从富阳走向全省，又从浙江走向安徽、福建、江西等省，固定客户2000多家。山重水复的日子终于过去，迎来的是柳暗花明的春色。

进军小水电

吴玉泉维修电动机，有人让他修柴油发电机，继而，水利水电局干部请他修小水电站的发电机组。关心时事的他得到信息，国家在初级电气化县建设的基础上，继续建设具有较高电气化水平的农村电气化县。他就再跨出一大步，进行小水电站的扩容改造，专注于中小型水电设备的设计、开发和生产制造，使产值和利润进一步得到提升，"蛋糕"也越做越大。吴玉泉业务重心的转变，是瓜熟蒂落，非常自然。2000 年 10 月 13 日，企业更名为杭州富春江水电设备有限公司。

随着社会的发展、科技的进步，吴玉泉经营的主要业务，因市场的需求也随之改变，业务内容和范围都在扩大。当然，这不是脱胎换骨的转变，而是在没有放弃原有市场的基础上，转向一个和自己专长、兴趣与目标行业相符的新的切入点罢了。古人云"学无止境"，创业亦是如此。因此，他一步一个脚印，走得稳重、踏实。

一、转向小水电

社会在发展，时代在前进，吴玉泉也看到，目前的私营企业不可能再是当年"拾遗补缺"的家庭式作坊。新时代的私营企业必须成为社会经济的重要力量。小打小闹行不通了，他开始考虑产品的升级换代。当然，他需要捕捉机会。

这天，正在忙碌的吴玉泉刚刚拆开一台电动机，忽然进来一人，直截了当地问："师傅，小水电站的发电机能够修理吗？"

吴玉泉停下手中的活，搓搓手，站了起来，想了想回答说："应该能修吧。"

吴玉泉从来没有修理过水力发电站的设备，他怎么会有这么大的胆量答应能够修理呢？

那个时候用电紧张，一些企业纷纷用上了柴油发电机。有一天，吴玉泉带着助手正在绍兴印染厂拆除出现故障的电动机，准备运到富阳厂里再维修。不巧，印染厂的柴油发电机发生异常，电压表指针摆动极不正常，再不修理就要出事了。

绍兴印染厂的电动机，一直以来都是吴玉泉维修的，相互之间熟悉了，生产负责人就半开玩笑半认真地对他说："你电动机会修，发电机也总能修理吧。"

吴玉泉呆了一下，自己虽然给黄岩老板修过柴油发电机，但那是船上用的，现在要修工厂大型的，一时不知怎么回答好。他想，他们知道我只是修电动机的，假如柴油发电机修不好，也说不上坍台。再则，手扶拖拉机和船上的柴油发电机能修好，不管怎样，发电机的结构应该差不多，厂里的发电机也能够修理的。今天是个机会，不可错过，如果修好了，今后又多了门业务，便撸了下袖子说："那就试试看吧。"

开始修发电机了，他和助手一边摸索，一边琢磨，整整修了一天，虽然时间长了点，但柴油发电机总算修好，又能正常发电了。修理成功，吴玉泉心里非常高兴，又开通了一条业务渠道。

回到富阳后，他买了几本有关柴油发电机的书，边读边思考。这以后，对柴油发电机的修理业务也敢接了。通过一段时间的实践，吴玉泉摸索出了规律，掌握了柴油发电机故障的一般修复技术。

乡镇企业大量涌现后，用电量剧增，电力缺口加大，系统拉闸限电频繁，电力供需矛盾突出。一些企事业单位为保持正常的生产秩序，纷纷自置发电设备，自发自用。发电设备多数为小型柴油发电机组，也有将工厂工业锅炉热能综合利用，供气发电。到1995年年底，富阳全市418家厂矿、企事业单位有了自备发电设备，安装发电机457台，总容量2.42万千瓦，全年自发自用电量为1124万千瓦·时。

进入发电机修理行业，业务范围将进一步扩大。

吴玉泉会修发电机的消息传开后，一些企业只要出现故障，就会给他打电话。有时电话一个接一个，忙的时候只能排队。金桥化工厂、高桥凤凰颜料厂、大源烟草机械厂、礼源电动工具厂等企业的柴油发电机，他都修理过。

吴玉泉敢接小水电站发电设备的修理业务，还有一个原因。因为修电动机，经常要去杭州发电设备厂买配件，他们厂在萧山，是专门制造水电设备的。喜欢对机械及配件多看多问的吴玉泉，跑得多了，便和他们厂的技师熟悉了，对机械设备情有独钟的他，也喜欢问问这些零部件的作用，所以，他对小水电的结构也有点朦胧的感觉。修理柴油发电机后，那些朦胧感便逐渐清晰起来。

吴玉泉怎么也不会想到，请他修小水电站发电机的人，是富阳市水利水电局水电科的科长华群波。

过了几天，华群波开着老式面包车来接他了。吴玉泉背着装有摇表、万用表的电工袋出发了。

水电站在龙门山上，龙门山位于富春江南面，距富阳城区20多千米。它崛起于仙霞岭余脉的东南尖端，千峰叠翠，峭岩壁立，气势雄伟。主峰杏梅尖，海拔1067.6米，为富阳第一高峰。清光绪三十二年《富阳县志》记载："有泉自山顶悬流石崖，泻作瀑布，飞漱喷溅，非遇暑炎冬涸，殆不可近。"

杏梅尖系龙门溪发源地，年均降水量1500毫米，水力资源丰沛，是富阳境内水力资源中已具备多级开发水力发电条件的溪流之一。

富阳龙门林场第二电站（2015年）

1978年起，富阳县水利水电局本着"统一规划，先易后难，综合投资省、见效快的优先开发"原则，由原龙门公社、国营龙门林场筹资，对龙门山水力资源进行梯级开发。至1984年6月，先后建成梯级电站 5 处，其中 2 处属国有林场所有、3 处为公社集体所有。共装机 11 台，总容量为 1000 千瓦。五级电站的总水头达 150.5 米。

面包车停在龙门镇，然后步行，过东南的瑶坞村，沿龙门溪逆流而上登山。逶迤的羊肠小道，紧靠着溪水，在山谷中蜿蜒盘旋，沿途溪沟，不时有溪潭瀑流冲刷乱石，中凉亭下，那幢白墙黑瓦的平屋，房子不大，大门上"龙门林场第二电站"8 个凸出的大字特别显眼，这便是吴玉泉需修理发电机的目的地。

龙门林场第二电站系引水式电站，引一级电站尾水发电。属国营龙门林场管辖，全民所有。装 CJ22-W-48/1×4.8 型水轮机 3 台，75 千瓦发电机 3 台，总装机容量 225 千瓦，配 200 千伏安、100 千伏安变压器各 1 台。1979 年 5 月动工，次年 1 月并网发电。引水面积 3.5 平方千米，设计水头 96 米，流量 0.3 立方米／秒，年均发电量 25.23 万千瓦·时。

需修理的那台发电机是 1980 年 1 月投产的，因发生故障而停机。吴玉泉仔细检查后发现是励磁回路上的问题，再经电抗器气隙调整，修了一个多小时，就能发电了，真可谓旗开得胜。这是他第一次修小水电站的发电设备，有了这个基础后，一些小水电站设备出现故障，也来请他了。

小水电站的发电机组修得多了，吴玉泉脑子里多了个问题，是否能朝着这条路走？

浙江不少地方是山区，水资源丰富，水库众多，有水就可以发电。

富阳也有不少小水电站，富阳的小水电建设始于 20 世纪 50 年代中后期。1956 年 7 月 1 日，新登县金河乡（今属胥口镇）建成星火水电站，装机容量 12 千瓦。同年 8 月，富阳县场口乡建成六谷湾水电站，机组 2 台，总装机容量 12 千瓦。同时，富阳县还建成常安安禾水电站，装机容量 29 千瓦。截至 1958 年，富阳各地利用水碓和堰坝，建成 1.2 千瓦微型水电站 14 处，装机容量 16.8 千瓦。

1960 年，富阳的小水电站已是遍地开花，长桥头、上陈家、潘村、上新睏、汤家埠、古城、龙门、官前、稠溪、黄弹、深里、李家、小章村、松溪、永昌等地，先后利用溪流的水源建起小水电站。

据 1960 年 1 月 19 日《富阳报》报道："太平公社里山管理区，将全区的 98 处水碓进行改革，能打浆、制茶、砻谷、磨粉和发电照明，大大减轻了劳动强度和节省了劳动力。"

新安江水电站发电后，富阳的微型水电站有所淘汰。1978 年始，由于社队企业的兴起，农村用电从原来的照明为主转到以机器为主。机器耗电量大，大电网供电不足，供需矛盾日益突出，严重影响工农业生产。

形势所迫，促使富阳本地小水电事业再次发展。截至 1990 年，富阳共建小水电站 36 处，安装机组 60 台，装机总容量 8415 千瓦，当年发电量 1414.69 万千瓦·时，均并入大电网。由此看来，就算在富阳，水电站机组维修和改造业务也不会少，转向小水电维修项目应该是一条发展的路子。

20 世纪 90 年代末，吴玉泉得到信息，"十五"期间，国务院部署，在初级电气化县的基础上，继续建设 400 个适应经济和社会发展要求的、具有较高电气化水平的水电农村电气化县。其中浙江省有 21 个县（市）被列入。

其实，深谙农村水电事业发展实情的吴玉泉敏锐地意识到，与煤、石油等能源相比，利用水能发电，更加清洁、更加环保，尤其适合水资源丰富的广大山区农村。要实现电气化，开发和改造中小水电站仍是发展地方能源建设的重要途径。全国现有大量运行年限超过 20 年的中小型水电站急需维修及改造。

1995 年年初，吴玉泉得到了一份资料，是浙江省水利厅汇集的，在这份全省小水电站情况统计表上详细地记录着各小水电站的基本情况。为了进一步了解省内小水电站的现状，并和他们建立业务关系，吴玉泉毅然做出决定，对 1985 年前投产、单机容量 15 兆瓦以下的中小型水电站进行实地走访调查。

外出调查，要经费、要时间，对那些只为眼前蝇头小利忙碌的人来说，是件不可思议的事情。作为私营企业业主，更需要远大的眼光、追求大事业的魄力。

这前瞻性的一步，不失为一种明智之举，既可以了解他们发电机的运行情况，又联络了感情，为以后的业务打下了良好的基础。

四五月份，吴玉泉和两位助手一起，带上仪表，到杭州市临安、桐庐、淳安及湖州市、丽水市、温州市、衢州市所属的一些小水电站，进行主机设备、辅机设备、发电机运行情况的调查。两个多星期，跑了 150 多座电站，真可谓马不停蹄。

通过实地调查发现，这些小水电站普遍存在几个相同的问题。一是设备陈旧，效益低下，机组出力下降，特别是电气设备老化现象严重，机组均属带病运行，随时可能发生电气事故；二是由于电站水资源的变化，或者原机组选型不正确，造成丰水期大量弃水，水能资源浪费严重；三是老电站人员多，负担重，效益差，经济压力日益加重，生存艰难，无力更换新设备，特别是已经接近使用年限、"服役"期将满的机组，更谈不上投资兴建新水电站。因此，这些老电站迫切需要一种投资省、见效快的方案，以解决存在的实际问题。

吴玉泉估计，浙江省的大大小小水电站有 3000 多座，按照"一年一小修，两年一大修"的标准，每年有几千个水电站需要维修。可是，全省有维修能力的企业不到 10 家。"小水电"已不知不觉在吴玉泉心里扎下了根，转向水电项目为主，应该是前途无量。

当然，初入水电行业，吴玉泉也有他的定位，应该不同于别的水电设备制造企业，他们以制造为主。而自己，近段时间则面向老水电站，以中小型水电站机组设备安装维修、试验和技术咨询、增容改造为业务范围，让老水电站焕发新的生机。当然，是否制造水电设备，看发展的形势，到时再做定夺。

从 1996 年开始，吴玉泉把业务的重心转移到小水电设备的修理上，为农村水电现代化做出了贡献。

二、钻研技术

发电机和电动机，在结构上基本相同，可原理、判断方法、工作目的、能量转换是有差异的。从电动机的修理，到水轮发电机的维修，虽然不是大的更换，但从技术角度来说，又得跨出一大步。

打铁先得自身硬，没有过硬的技术，怎能领跑一家企业？把一件事情做好、打造顶级质量、做到极致的前提是认真学习、刻苦钻研技术。进军小水电，吴玉泉又得学习新的知识、新的技术。

1998 年 9 月，吴玉泉参加了浙江大学水利水电专业函授学习。既要学习知识，又要抓企业管理，两副担子都不轻，任务相当艰巨，特别是时间问题。

作为民营企业家的吴玉泉，几乎没有休息日。一个星期中，最后两天的工作必须在前五天安排好。星期六的清晨，他从富阳去杭州，到浙江大学听课，晚上住宿在那里。星期日继续上课，傍晚再回家。平时，只要有空，他就拿出书本和课堂笔记，复习老师传授的知识，使之得到进一步的巩固。

通过三年的艰苦学习，2001 年 7 月，他修完专科教学计划规定的全部课程，成绩合格，顺利毕业。

这期间的 1999 年上半年，富阳市经济管理干部学校与浙江工业大学联合办学，开设远程教育富阳教学点。吴玉泉报名参加，学的是经济管理专业，授课日尽量挤出时间，到城区大桥路的经济管理干部学校听老师讲课。半年后的 11 月 30 日学习结业。

在学校授课的同时，他订阅《小水电》《中国水能及电气化》《水资源开发与管理》《水利建设与管理》《浙江电机》《浙江水利科技》等大量报刊，还购买了《农村实用电工》《电机制造工艺》《电机实验》《电动机和发电机的修理》《怎样选用电容器》《电工与电子基础》《电子技术基础》《电子绕组制造》《电力设备预防性试验技术》等图书，空下来就看，有时带着问题，从书刊中寻找解决的方法，把知识应用于实践。

为了解决工作中的难题，他常常废寝忘食。有一次，吴玉泉又碰到了难题，到了晚上 11 点还解决不了，只得打电话向人请教，直到弄懂了才安心睡觉。

由于和杭州发电设备厂有线圈加工、电机维修等业务往来，吴玉泉认识了他们厂的技师何寿松。何师傅技术过硬，热衷于把技艺传授给他人，吴玉泉拜他为师。

淳安县霞源水库电站技改发电机，就是何寿松师傅陪着去的。

经何寿松师傅介绍，为淳安霞源电站技改（1991年）

由于他是制造单位的技术人员，信誉高，电站方面放心。对于吴玉泉来说，有师傅在身边，胆子也更大了。3台500千瓦的发电机顺利地增容到630千瓦。

后来，何师傅不幸患了肝癌，四处求医。当时，富阳三山卫生院的吴宏贤医师，在用中草药治癌方面取得了一定的成绩，消息传遍了省内外。吴玉泉托该院的赵仁龙院长，约好吴宏贤医师，再去萧山把何师傅接到三山卫生院，请吴医师治疗。因需化验大小便，三山卫生院没有这种化验设备，吴玉泉就拿到相距30里外的富阳人民医院化验，等到化验好，再把化验单送到三山卫生院。

何寿松去世前再三交代妻子，要把自己保存多年的技术资料，全部赠送给吴玉泉。1998年9月上旬，何师傅去世后，吴玉泉还与儿子一起参加了他的遗体告别会。

何师傅留给吴玉泉的技术资料，有制造工艺计算、发电机技术参数、自画草图、笔记本等，装了一大麻袋。吴玉泉开车取回来后，进行学习、研究，把师傅的知识转化为自己的技术。

吴玉泉在师傅病重期间的尽心尽力照料，大家看在眼里，也成为杭州发电设备厂员工的美谈，厂里的干部职工对吴玉泉的评价非常高。后来，吴玉泉有事去他们厂，大家都乐意提供帮助。

杭州发电设备厂顾永来、高加祥、王根贤、戚元德、丁锡光、刘杏仁、周学文、陈有火、戴路辉、俞灿平、吴维良、陈金璋、张惠兴等工程师、技术员，也成了吴玉泉的师傅。只要碰上技术上的难题，他们都会一起研究，帮助解决。

吴玉泉还先后赴湖北、福建、湖南等省，参加全国水电站增效扩容技术培训班，学习水轮发电机的制造和修理技术。

2011年9月27日，杭州富春江水电设备有限公司获得浙江省科学技术厅、财政厅、国家税务局、地方税务局联合颁发的"高新技术企业"证书。

2013年11月中旬，水利部农村电气化发展局的"增效扩容技术研讨会"在杭州玉皇山庄举行。中国水力发电工程学会、中国水利工程学会联合评选出"可持续发展目标下的水能资源配置效率目标的研究"优秀论文15篇，吴玉泉他们撰写的《九宫山梯级水电站水轮发电机降压改造》一文获二等奖。

一个月后，温州市水利局、温州小水电行业协会在温州宾馆举行小水电增效扩容技术交流大会，吴玉泉应邀参加。会上，他作了《水轮发电机组增效扩容技术改造》的交流发言，得到温州小水电行家的好评。会后，一些电站的技术人员，要了吴玉泉的联系电话，以便碰到问题时可以请教。

吴玉泉认为，先进技术只有被更多的人所掌握，才能发挥更大的作用。为此，他把实践中获得的经验写成文章，将《关于小水电站机组增容改造提高效益的研究》《关于中小型水轮发电机增容改造的技术研究》《关于农村小水电站高压改低压扩容技术应用的研究》等20多篇技术总结和论文，发表在《小水电》《中国水能及电气化》《浙江水利科技》等杂志，以及在专业技术会议上宣读，受到了同行的好评。

2017 年 11 月 13 日，吴玉泉参加浙江省总工会在北京大学举办的浙江工匠综合素能提升研修班

2017 年 11 月中旬，吴玉泉参加了浙江省总工会主办、北京大学法学院承办的浙江工匠综合素能提升研修班。近 50 名以制造业为主的浙江工匠，都很珍惜这个学习机会，在这里静心学习。在交流发言中，吴玉泉对如何传帮带、加强制度建设、提升职工技能水平等和他们进行了探讨。

2018 年 8 月 15 日至 19 日，由富阳区工商业联合会组织的富阳区中国制造 2025 专题培训班在哈尔滨工业大学举办，吴玉泉等 40 名非公经济人士参加了培训。他们学习了"从国家中长期科技发展规划看我国装备制造业发展需求""《中国制造 2025》最新解读""工业 4.0 制造时代新思维"等课程。

吴玉泉既是企业总经理，又是技师，他注重学习，越学越精，练就了一套精、巧、好的技改绝技，攻克了发电机、电动机、变压器等的技改、维修和延长使用寿命等技术难题。

从维修到制造

　　从修理到制造，这是一个飞跃。制造，必须具有较高的管理和技术水平，在转向小水电修理时，吴玉泉就有制造水轮发电机组的设想。他清楚，要走到那一步，困难是相当大的，但是他坚信，办法总比困难多。

　　终于，他走出了一条小水电维修、扩容改造、制造的发展新路。2014年1月7日，联合国国际小水电中心编制的《中国小水电设备企业名录》中，杭州富春江水电设备有限公司被列入其中。这一点也说明了吴玉泉公司的实力。

一、水力发电机维修

企业的修理业务重心转换后，吴玉泉的工作行程有了较大的变化。修理电动机，大多在城区或集镇，交通便捷。去检查后，基本上是运回公司修理的，就是去外地，最多也只是一两天时间。而修理水电设备就没有这么简单了。

由于去的地方全是偏远山区，出县，出省，少则三五天，多则20多天，甚至一个来月。外出成了吴玉泉的家常便饭。每次出去就得像医生出诊那样，用来检测发电机振动、噪音、电流、温度等的各种仪器都得带齐，一件也不能少。大部分水电站被建在偏远地区，要是回来拿仪器，得浪费不少时间、经费。因此，出门前夕，吴玉泉检查了一遍又一遍，以防某件工具漏带。

到现场后，先查看水电站水电设备的运行记录、图纸资料，与技术员交流，再看机器验证比对。只有摸清"病情"，才能有的放矢，对症下药。

好多机器都在地下层，有的设备还在水里。修理人员需要穿上工作衣、下水裤，操作时，特别要牢记安全第一，不忘绝缘鞋、电笔、电筒、安全帽四小件。

有不少水电站建在山坳，甚至半山腰，大部分没有通汽车的路，去修理只得靠两条腿走，甚至是爬山。空手上去已十分不容易了，身上还得背着沉重的工具，往往到水电站已是气喘吁吁了。

龙门山二级水电站的机组又需要修理了。时值寒冬腊月，那天，天寒地冻，天上飘着零星雪花。山坎上柴草丛中的小鸟饥寒交迫，已冻得奄奄一息不能动弹了，路边的溪沟里，甚至有冻死的鸟雀。上山的路走了一个多小时，头上已热气直冒了。吴玉泉来到电站，检查后发现不是一般的小毛病，需要大修，修好后还得烘燥。在当时的条件下，必须把设备运到厂里修理，除此之外没有别的办法。

电站负责人一听呆住了。75千瓦的发电机，重1吨左右，就是拆开来，需要下山进厂修理的部件也有400多千克重，这可是连在一起不能再拆的。一米左右宽的山路，路陡发滑，有的地段还有乱石砌成的踏步，连双轮车也无法施展，发电机部件需要靠人工抬，才能运到山脚的公路上。

好在电站负责人和龙门村里关系较好，好在那个年代还有肯干重活的人。一个电话，请来了7位身强力壮的村民。他们用绳索缚好机器，塞进两根杠，4个人杠上肩，"哼"的一声，齐心合力站了起来，一步步往山下走去。当然，另外几个也不会闲着，不时地轮换抬一段路，有时还得扶一下。

山路狭窄，不少路段一边是小溪，一边是山坎，不能并排走两个人，4个人分担的重量，有时会全部压在两个人的肩上。俗话说："上山容易下山难。"下山，虽然是下坡路，但并不轻松，脚步如不稳，会往下滑。要是换上不习惯走山路的人，双脚还会发抖呢。

发电机不时地碰撞山石土坎，加上雨雪路滑，抬下山是困难重重。好在他们是当地人，上山斫柴砍树，走惯了这条路，一步一步，小心翼翼地移动着。吴玉泉跟在后面，虽然没有抬，但也不时地为他们捏一把汗。

两个多小时后终于抬到公路上。叫了辆拖拉机装上，运到富

吴玉泉在诸暨市西岩电站为修复的水轮发电机定子做交流
耐压试验（1998年）

阳。整整一个星期，发电机才修复好。还是用拖拉机运到龙门，再请村民们抬上山。吴玉泉和徒弟也跟着走，抬到后马上进行安装。

现在，吴玉泉他们的公司已有现场处理的设备，根本不需要把笨重的发电机抬下山了。再则，在富阳，如今已很难叫到肯抬如此重物上山下山的人了。

1998年5月那天，吴玉泉接到诸暨市水利局的电话，说是诸暨西岩水电站的发电机被雷电打坏了，请他们快去修理。

吴玉泉感到奇怪，一般来说，发电机发生被雷击而损坏的现象概率极小。西岩，位于诸暨市东部，是诸暨与嵊州的交界处。清晨，富阳的天空雷电交加，狂风夹着暴雨倾盆而下。情况紧急，为了抢时间，吴玉泉他们3人，还是开着桑塔纳轿车赶去。滂沱大雨中，挡风玻璃透明度降低，虽然雨刮器不停地转动着，但还是视线模糊，只得放慢速度，全神贯注地注视着前方。还好一路顺利。到达西岩电站后，他们顾不得休息，马上拆开机器进行检查。发现原来是发电机年限长了，绝缘性能差，高压绕组被雷电击穿。找到病症，修理已不是难题了。吴玉泉他们便通宵加班，对损坏部分进行了更换，使之恢复发电。

吴玉泉还给自己定下规矩，实行24小时抢修制度。这天晚上，吴玉泉正在吃晚饭，接到宁波周公宅水库电站的抢修电话。吴玉泉快速地吃好饭，带着两位技术人员就走。车灯像两把利剑刺向夜幕，车轮滚滚向宁波而去。

周公宅水库位于宁波市鄞州区章水镇北大皎溪干流上，距宁波市区就有51千米。到那里时已是深夜11点多了。

他们马上进行检查并确认，发电机大轴前轴承烧掉，轴弯曲。必须把发电机运到富阳，进行换轴。那个时候吴玉泉他们厂还没有加工大轴的车床，只好去富阳镇新民村，县造纸厂就在那里。吴玉泉和机修车间的师傅熟悉，大轴很快得到了加工。发电机修好后，再运到宁波安装。

为了提高维修效率，有时还得借助于现代化的科技手段。陕西省安康水电站一台机组出了故障，打电话要求派人去修理。

修理发电机组起码要跑两趟，这么远的地方，多跑一趟，时间、经济都承受不起，不能盲目地前去，先要弄清楚病症在什么部位。可是，电话中对方也说不清楚。吴玉泉便要求他们拍几张关键部位的照片，立即从网上传过来。

通过照片，确定了故障的部位。路途遥远，大型的修理工具带去的话，成本更高，何况机组需要到富阳来修理。吴玉泉就让他们把发电机组拆下，托运到富阳。安康水电站的负责人觉得这个办法好，便把需修理的发电机拆除，让托运公司运到了富阳。

吴玉泉安排人员抓紧修理，修好后托运过去。还利用网络、电话，指导他们如何安装。这次修理吴玉泉他们没有去陕西，为电站节约开支数千元。

因流域连降暴雨，电站遭受千年一遇历史罕见的洪涝灾害，坐落于赣江支流孤江下游的螺滩水库电站的6台水轮发电机组突然遭遇洪水，被泥沙淹没。

螺滩水库位于江西省吉安市青原区螺滩村，是一座以防汛、灌溉为主，兼顾发电和水产养殖的全国防洪重点中型水库，最大库容4410万立方米。

吴玉泉是傍晚接到电话的，便带了两位技术人员连夜出发，汽车开了10多个小时才到那里。

到电站一看，吴玉泉愣住了，他还没有看到过受灾这么严重的电站，里面一片狼藉。电站职工刚刚把机器挖出，粗略一算，水浸泡已长达30个小时。水淹时间越长，修复工作难度就越大。

吴玉泉根据实际情况，先进行第一阶段清洗烘干，用高压水枪对发电机定子进行冲洗，把表面的泥污、油污冲掉。用清洗剂将发电机定子两端的线圈、铁芯进行清洗。用直流弧焊机加80%的定子额定电流进行干燥，并用彩色雨布包起来使之保温。温度计测得的温度为铁芯78℃、线圈80℃。用此方法连续干燥10天。然后再用发电机短路干燥法进行交流电干燥。再进入第二阶段清洗烘干，再由烘箱干燥。根据机组受淹情况和前期清洗烘干结果，对发电机定子线圈再做试验和分析，根据定子生产年限和型号，制订处理方案，进行修理。通过嵌线、接头、浸漆、烘干几个阶段的灾后修复，机组终于恢复运行。

根据这次摸索的经验，吴玉泉和技术人员一起合写了《洪水淹没水轮发电机后定子修复的介绍》的文章，发表在水利部主管的《小水电》杂志2003年第2期。

郑家坦电站，位于淳安县西北的严家乡，其200千瓦的水轮发电机组，因遭遇特大洪水被冲到溪的下游。接到修理电话后，吴玉泉带领技术人员赶去。

因为洪水未退道路封锁，汽车无法再往前开。吴玉泉他们只得停好汽车，翻山越岭走小路，天下着雨，徒步数小时，才到达现场，身上的衣裤也全都湿透了。

发电机组虽然已被找到运回，但已严重损坏，加班加点抢修了20多天，才把机组修好，使之恢复发电。将近报废的机组重新投入使用，电站负责人深受感动，送了一面锦旗，上面写着："服务周到，信誉至上"。

浦江县西水东调管理处电站3台发电机发出刺耳的尖叫声，特地打电话给吴玉泉，请他想想办法。

吴玉泉带着徒弟来到电站，测试了一下，噪音100多分贝。这样高的分贝，不但会让人烦躁，听久了还会危害身体健康。分析出原因后，吴玉泉采取增设斜铁等工艺现场修理。3天后，恢复发电，噪音下降到80分贝，符合国家标准。

位于钱塘江流域马金溪支流中村溪上游的开化县茅岗一级电站，也出现了噪音。经试验分析，噪音是风啸声造成的，即在一定转速下，转子风叶运转从发电机两端的进风口吸风，向发电机出风口出风，以冷却发电机定子和转子，冷却风在风道循环过程中，转子两端吸进的风在出风口处正面碰撞，产生风啸声，形成了较为刺耳的噪音。

风啸声来源于转子，如果对转子重新设计和生产加工，可以改变转速或冷却风的流向，但投资较大。吴玉泉他们便在原来的转子上做改进，使冷却风的流向改变，这样，转子两端的吸进风在出风口处就不会正面碰撞。通过模型试验和分析，在发电机转子上加装斜铁改变风路，避免了冷却风的相互碰撞，从而降低风啸声。转子改进后试用，风啸声明显减低，从改装前的105分贝降低到88.7

吴玉泉为丽水庆元县马蹄岙电站现场检查被雷击后的 1700 千瓦水轮发电机

分贝。

吴玉泉和他人合写了《茅岗电站发电机啸叫声的分析与处理》，发表在《小水电》杂志 2013 年第 6 期。

2016 年 6 月，湖南省新晃县新鑫水电站在发电过程中，1 号发电机突然停止。他们四处寻找修理厂，不知转了多少个弯，才通过水电行业协会，联系到杭州富春江水电设备有限公司。

接到求助电话，吴玉泉带了徒弟，坐高铁赶去。经过仔细检查，找出了原因。原来是大电网突然断电导致发电机电压过高，引起一个定子线圈烧坏，导致发电机发生故障。

2017 年 8 月 2 日，龙游小溪滩水利枢纽开发有限公司 SFWG 5000-60/4700 发电机定子运到杭州富春江水电设备有限公司技改

发电站负责人要求更换损坏的线圈。吴玉泉他们进行分析，是发电机在设计制造过程中没有达到要求，线圈与线圈之间的端部间隙太小，

节距比较小，如果拆除那个线圈，容易将其他正常的线圈损坏。根据特殊的情况，建议将烧坏的线圈放弃不用，得到电站负责人的同意后，回到富阳，再派技术人员，带了所需的工具及配件前去。把那个线圈隔离开，再对其他部件进行测试维修，这才使机组正常发电并网。

吴玉泉他们公司还修理过龙游小溪滩水利枢纽开发有限公司的5000千瓦60极发电机、丽水市庆元县马蹄岙电站的1700千瓦水轮发电机等。强烈的服务意识和不断推陈出新的服务方式，使吴玉泉的水电修理业务范围越扩越大。为修理水电站发电机组，他们到过湖南、湖北、河北、江西、陕西、安徽、福建、贵州等省。他在发电机被洪水浸淹、特殊烘干，进口发电机调试，发电机防腐蚀修理等方面，有了较大的突破。

2015 年 10 月 19 日，吴玉泉带队到湖源乡梅州电站安装无坝式水轮发电机组

2015 年 10 月，水利部引进美国的流速发电项目，只要有溪流的地方都可安装，使小溪流也能被充分利用起来。

他们决定，把这一项目放在浙江省杭州地区。水利部农村电气化研究所认为，富阳离杭州近，又有小水电

吴玉泉现场指挥吊装（2015 年）

站的明渠，就请吴玉泉帮助物色一个地方，并把两台发电机直接运到了杭州富春江水电设备有限公司。

吴玉泉经过慎重考虑，建议将其安装在湖源乡梅州村梅州水电站下游。

经水利部批准后，从引进，到运送、安装、调试、发电，都是吴玉泉他们公司免费承担的，验收仪式，也在杭州富春江水电设备有限公司举行，水利部派人参加，3 位美国专家也到场了。

微型流速发电机的试装，为缺电的山区找到了一种解决用电困难的途径，而且还具有战略意义。

二、水电站扩容改造

我国的中小型水电站，存在着建设早、设施逐渐老化、效能逐年衰减等问题。因此，必须进行水电站的改造。通过对农村水电站增效扩容改造，使现有农村水电站得到深度开发，既增强设备安全运行的稳定性，也提高水电站的经济效益。

从 1998 年开始，吴玉泉把主要精力慢慢地转移到小水电站的扩容改造上。从维修到扩容改造，在进军小水电的路上又迈进了一大步。

机组增容改造，关键在于水轮机和发电机的改造。这一项目主要是通过开发高性能的绝缘材料和电磁线，设计新的发电机绝缘系统和加工工艺，使发电机容量增加 20% ~ 30%，延长寿命 20 ~ 25 年。

为了心中有底，吴玉泉组织厂里的技术人员分批对省内外的小水电站进行考察。他亲自带着两位助手去了浦江县通济桥电站、安吉县老石坎水库电站、宁波皎口水库电站、泰顺县南山电站等小水电站。每到一处，他们都要检查使用安全问题，了解有没有发生故障，看是否有增容的余地。

因为已有多年的维修业务往来，各地的水电站都非常配合。三四个月的时间，他们调查了省内外 300 多家中小型水电站，省内的水电站几乎跑了个遍，掌握了第一手资料。

在调查中发现，有的装机容量为 1000 千瓦，但出力只有800 ~ 900 千瓦。除了经过现场查看，测量数据，查看运行记录，开座谈会了解情况，进行全面分析，做出整改措施，吴玉泉还利用自己的技术力量，帮助 100 多座小水电站编制了技改可行性报告。

经过分析，各小水电站的负责人意识到，对机组设备实施增容技术改造，是最经济、最有效的方法。较之新增机组，增容改造具有不可比拟的优越性。一是投资少，改造费一般为每千瓦 1000 ~ 2000 元，而新增机组，每千瓦需 5000 ~ 10000 元；二是工期短，机组改造可在枯水期实施，一般水电站，只要 1 ~ 2 个月就可完成改造，不影响水电站常年的正常发电；三是见效快，投产及时，还本时间短，基本上 2 ~ 3 年就可以收回投资；四是施工方便简单，机组增容改造，保持原机组外形不变，原基础设施不需任何变动；五是增效可观，因是通过开发高性能的绝缘材料和电磁线，设计新的发电机绝缘系统，实施改造后，机组增容幅度均在 20% 以上，最高的可达到 30%；六是延长使用年限，能够再延长 20 ~ 25 年。通过增容改造，既可充分利用电力资源、提高机组出力，还可解决机组运行中的安全问题。增容改造有这么多优势，各小水电站纷纷请吴玉泉他们帮助改造。

建于 1979 年 9 月的王家庄电站位于安吉县南溪流域，是老石坎水电站下游的梯级开发引水式渠道电站，一管一机布置。它是吴玉泉他们增容技改的第一个水电站。1998 年上半年，在上门调查时达成了意向，后经杭州发电设备厂的推荐，这事便定下来了。320千瓦的发电机，增容到 400 千瓦，外壳不变，转速不变，基础不动。

衢州市铜山源水电站建于 20 世纪 70 年代，原发电机功率为1250 千瓦。1998 年，吴玉泉利用新技术、新材料，帮助他们改造，对定子、转子、转轮进行技改，增容到 1600 千瓦。丰水期每小时的发电量，比过去增加 350 千瓦，按当时每度电 0.42 元计算，每小时可增收 147 元，每昼夜可增收 3528 元，效益相当可观。

金华市湖海塘水电站位于金华城区西南角，是 1950 年 1 月动工兴建的，为中华人民共和国成立后的第一座小型水电站。200 千瓦水轮发电机，还是从美国西屋公司进口的。当时可供金华、兰溪两个城市的照明用电。

吴玉泉帮助金华市湖海塘水电站技改的机组（2004 年）

这台机器运转了半个世纪，加上是美国 50 年前制造的，材料、工艺特别，技改难度肯定不小，也难倒了不少专家。

吴玉泉迎难而上，1999 年12 月—2000 年 1 月，利用枯水期帮助水电站技改。吴玉泉先去金华实地查看，再把机组运到富阳。通过 1 个月的改造，从原来的 200 千瓦增容到 250

千瓦。

福建省建阳市西门电站提出要求，把水轮机、发电机、调速机一起增容技改。2004年11月，吴玉泉他们到达后，经查看现场，发现弃水多，根据实际情况，给水轮机更换流量大的新型转轮，机座不变，转速不变，电压不变，发电机由800千瓦增容到1200千瓦，可超发到1300千瓦，是增容最大的一座电站。增容改造后，机组运行稳定，出力增加50%，各项指标符合设计要求，一年就可收回技改成本。

吴玉泉在福建省建阳市西门电站了解水轮
发电机数据（2004年）

这天，吴玉泉又接到诸暨泉安水电站要求再增容的电话。泉安水电站就是西岩电站，改制后改的新名称。吴玉泉曾给他们修过雷击发电机。对他们的情况应该是非常熟悉的。

吴玉泉清楚，这个电站自1972年投入运行以来已经30多年了，有的设备已超过寿命期。水轮机、发电机、机组附属设备、控制屏柜等主要机电设备已严重老化，运行中，机组周围能闻到刺鼻的焦臭味。这样的老设备再增容改造，难度应该不小。但是，吴玉泉还是接受了挑战。

他想，如果出线电压能够降下来，人工成本就会降低，同时，也可去掉庞大的高压屏柜和高压电缆，节约场地，节约资金。吴玉泉和公司技术人员一起，经过分析研究，决定采取降压增容，技改从降压入手。经过反复实验，将电压6300伏特降到400伏特，使500千瓦高压发电机组增容改造为630千瓦低压机组。改造中，充

为诸暨市泉安电站增容（2008年）

分利用原发电机座以及电机铁芯、转子大轴磁轭。用低压屏柜代替高压设备，节约资金100多万元。

电站于2008年10月初动工改造，同年12月底完成全部工程，仅用了3个月时间，比原计划工期缩短3个多月。改造后的头3个月，发电50多万千瓦·时，且机组运行稳定，得到了有关部门的好评。

这个项目还被科技部评为中小企业创新基金项目。吴玉泉和他人合写的《泉安水电站报废重建机组降压改造》一文，发表在水利部主管的《中国水能及电气化》杂志2009年第6期。

浙江省温岭市江厦潮汐试验电站位于温岭市西南坞根镇下楼村。潮汐电站，是利用潮汐形成的落差来推动水轮机，再由水轮机带动发电机发电。1972年3月，由国家计委批准建设，1980年5月，第一台500千瓦机组发电，到1985年年底，5台机器全部投产。5台双向灯泡贯流机组，总装机容量3200千瓦，年发电量600万度。在潮汐电站中，该电站的规模全国第一。在国际上，仅次于法国郎斯电站、加拿大安娜波利斯电站，名列第三。

2009年5月，接到他们要求增容改造的电话，吴玉泉带着

2009年5月，为温岭江厦潮汐试验电站发电机扩容改造

技术人员来到温岭，对机组进行全面检查。因海水碱性，机壳锈迹斑斑，腐蚀严重，都是一个个的凹坑。

把机组运到富阳，进行除锈清理、喷漆，对内部"心脏"部位的定子硅钢片、定子绕组、转子磁极线圈全部更新，提高绝缘等级。定子、转子绝缘材料采用 H 级，还用耐温 180℃的诺美纸。从原来的 700 千瓦增容到 770 千瓦。改造后，运行情况良好。

2011 年 8 月，根据中共中央、国务院《关于加快水利改革发展的决定》，以及国家水利工作会议精神，财政部、水利部联合印发《农村水电增效扩容改造财政补助资金管理暂行办法》，明确规定，2011—2012 年，安排中央补助资金，支持浙江、重庆两省市开展农村水电增效扩容改造全面试点，湖北、湖南、广西、陕西开展部分试点。这两年，浙江、重庆、湖北、湖南、广西、陕西六省、自治区、直辖市，要对 620 座农村水电站实施增效扩容改造。

对于这次农村水电增效扩容改造工程项目的投入，实行以国家定额补助、地方自筹为主。中央财政按照每千瓦 700 元、1000 元、1300 元的标准，分别对东、中、西部地区进行补助，以提高综合效能和安全性能为目的，以机电设备和配套设施更新改造为重点。优先对增效扩容潜力大、安全隐患突出、惠农作用直接、综合效益显著、筹融资能力较强的农村水电站，实施增效扩容改造，提高水能源利用效率，保障农村用电需要，促进农村水电持续有序健康发展。

吴玉泉还了解到，浙江省 1990 年前投产的水电站有 1400 多座，尚未改造的有近 1000 座，计划到 2015 年，完成 873 座水电站的更新改造工作。按照水利部、财政部批复的实施方案，浙江省有 115 个项目列入试点范围，老电站更新改造的规模和财政投入将空前扩大。

对于杭州富春江水电设备有限公司来说，这是个千载难逢的发展机会。新的机遇就要看吴玉泉如何把握了。

公司还召开积极参加农村水电站增效扩容改造工作动员会议，提出增效扩容的开拓方向，并要求业务、技术、生产等部门，做好接待客户、上门服务等工作。

岩石岭一级电站是 1979 年 12 月 27 日并网发电的，30 多年的运作，设备陈旧老化，3 台机组已经出了两次故障。1 号发电机转子磁极线圈引出线断裂，3 号发电机定子线圈绝缘老化，引起对地击穿，已到了非改造不可的地步。

位于富阳区胥口镇上练村的岩石岭水电站，受惠于这一德政工程，厂房和设备都将全面改造，总投入 1370 万元，资金由国家、省和地方三级承担。

经过招标竞争，机组改造的业务被吴玉泉他们争取到了。其实，这些年来，岩石岭水电站的机组一直由杭州富春江水电设备有限公司维护。16 岁就到水电站工作的老站长金克勤，早已和吴玉泉亲如兄弟。

2011 年下半年，先改造一级电站 3 台轴流定桨式水轮发电机组，将 ZD661-LJ-120 转轮，更新为 JP502-JP-120 高效转轮，材质采用不锈钢。除原水轮机主轴保留外，其他非埋入性部件均进行了改造。导水机构由原来的内调更新为外调。发电机定子、转子扩容，原发电机 500 千瓦 16 极，增容到 630 千瓦 16 极。于 2012 年 6 月完成，机组出力，各项电气性能指标、机械性能均达到国家标准。

2013 年，对岩石岭二级电站进行技改，将原发电机出力从 800 千瓦增到 1000 千瓦，绝缘等级也进行了提高，于同年 12 月完成。

江西省井冈冲水电站也准备扩容改造,来了7位负责人和技术人员。2013年5月23日,吴玉泉特地安排他们到岩石岭水库电站参观。他们仔细考察后,也决定请杭州富春江水电设备有限公司帮助改造。2014年上半年,对他们的3400千瓦发电机定子、转子进行了技改。

像岩石岭水电站那样近在家门口的服务对象毕竟不多,更多的是远在外县、外省的服务对象。

对改造后的水电站举行验收仪式,如江西省德兴市双溪水电站等。过一段时间,吴玉泉还进行回访,如诸暨石壁水库电站等。

吴玉泉在水轮发电机组扩容改造中做出了成绩,2008年3月,还应邀参加广东省水利厅科技推广会,并对水轮发电机增效扩容做交流发言。

一年365天,吴玉泉有200来天在外面,全国各地转,除浙江外,还到安徽、江西、福建、湖北、湖南、广东、河南、河北等省。发电站都比较偏远,往往要去三五个人,一待三五天。有时候遇到复杂情况,十天半个月甚至一个月都有。一年到头几乎没有休息日。可是,吴玉泉出差回来并没有给自己放假,做个推拿,全身筋骨放松一下,第二天又照常上班了。

谈到小水电站

2007年10月,吴玉泉带领技术人员专程到湖南省,为湘江电站的3200千瓦发电机组技改,图为技改成功后合影

扩容改造的效益，一位江西水电站的负责人说，如果买一台 1600 千瓦的发电机，需要 40 多万元，而请杭州富春江水电设备有限公司帮助技术改造，只要 18 万～20 万元。而且是在当年枯水期开始进行技改，来年丰水期前完成技改，不影响发电，非常合算。

小到 75 千瓦的农村微型水电站，大到 5 万千瓦的中型水电站，通过吴玉泉他们的增效扩容技改，为国家节省了大量的资金。截至 2019 年，杭州富春江水电设备有限公司已经为国内 300 多座水电站、500 多台套机组进行了增效扩容，新增发电量 7000 万千瓦·时，相当于新装机 27000 千瓦／年。不仅解决了机组的安全运行问题，而且每座水电站都取得了显著的经济效益。

中小型水电站的扩容改造相当辛苦，在技术上要求非常严格。吴玉泉说："中国有句老话，'三百六十行，行行出状元'。我想把工艺做到极致，在自己热爱的事业上，做点成绩，即便辛苦，也没有想过放弃。"

正是吴玉泉的诚信和过硬的技术，获得了客户的广泛赞誉，他的公司被浙江省水利厅列为"十五"农村电气化县建设中小水电站设备技术改造和大修的推荐单位。

2002 年，吴玉泉参加"中小型水电站水轮发电机增容技术开发及应用研究"项目省级验收会

2002 年承担的"中小型水电站水轮发电机增容技术及应用研究"项目，通过省级验收，其成果达到国内领先水平。2007 年 12 月，该项目入选国家火炬计划，被评为水利部水利先进实用技术在全国推广。2009 年，"小型水电站水

轮发电机降压增容改造"项目，获科学技术部创新基金。2013年，这一项目又获水利部《水利先进实用技术推广证书》，并被列入重点推广指导目录。

吴玉泉深深地体会到，做任何事都要不怕吃苦，付出艰辛，辛勤耕耘，总会带着风雨，风雨之后，就能得到阳光下喜悦的收获。

三、制造水轮发电机

从水轮发电机的维修开始，到机组的扩容改造，吴玉泉和小水电站打了这么多年的交道，对水轮发电机的结构以及那些容易出现故障的部位已了如指掌。自己制造水轮发电机的念头，也由来已久，并一步步付诸行动。

要想制造机器，得先设计。儿子吴向荣大学毕业后，吴玉泉准备送他到水轮发电机制造企业实践，学习设计技术。他清楚，自己的企业在做什么，别人一清二楚，由于竞争激烈，去找一般的发电设备制造厂可能会遭到拒绝，应该去找和自己关系密切的厂家。因此，他来到杭州发电设备厂。

杭州发电设备厂是一家老牌国有企业，吴玉泉和他们有几十年的交往。说明原委后，厂负责人直截了当地说，他们厂是老企业，技术老，管理体制老，学技术轮岗周转慢，还是到长河发电设备厂去学习为好。

长河发电设备厂是杭州发电设备厂的一个分厂，技术更先进。吴玉泉想了想，觉得这些话有道理。杭州发电设备厂的领导当即和长河发电设备厂的负责人协商，要他们帮助安排。

长河发电设备厂，即杭州长河发电设备有限公司，创办于1985年，位于钱塘江南岸杭州国家级高新经济技术产业园区内。

其实，吴玉泉和长河发电设备厂有一定的业务关系，董事长陈火木、总经理俞灿平都是他的朋友，平时相处得很好。

和俞灿平的友谊还得从20世纪90年代末说起。那时，湖南省古丈县一座水电站需要技术改造，吴玉泉前去投标。当时还在杭州发电设备厂的俞灿平也是代表厂里去的。

那个时候，吴玉泉的厂还属于无名之辈，吴玉泉虽然清楚中标的可能性极小，根本不能和杭州发电设备厂那样的大厂相提并论。但这是一个学习和交流的机会，为此，他还是去了。杭州发电设备厂中标是意料中的事。可是，要缴纳保证金了，俞灿平身边带的资金不够。回去取钱或是通过转账过来，起码要一个星期，时间上耗不起。就在他们急得不知怎么办时，吴玉泉毫不犹豫地做出决定，从自己带来的钱中拿出1万元借给他们，解了俞灿平的燃眉之急。

在那个时候，1万元可不是一个小的数目。俞灿平在一次饭桌上对别人说，吴玉泉自己没有中标，反而把钱借给中标的厂，这样的人不多，这个朋友可以交往。后来，俞灿平来到长河发电设备厂担任总经理。

接收吴向荣实习，董事长和总经理都同意。吴玉泉主动提出，实习期间不领取工资。

吴向荣拜俞灿平和吴鹏彬为师，这两位师傅都是了不起的人物，前者为厂总经理，后者曾参加过葛洲坝电站水轮发电机组的设计。吴向荣第一年学习发电机的设计，第二年学水轮机的设计。他们厂要制造出口越南 40000 千瓦的水轮发电机，吴向荣也参与设计。两年过去了，学成后的吴向荣回到了父亲创办的企业。

过了几年，吴玉泉认为，制造水轮发电机的条件已经基本成熟。这时，温州瑞安水电站需要设计制造 630 千瓦 6 极 400 伏电压卧式水轮发电机，吴玉泉就去接来了这笔业务。

吴向荣利用学到的知识设计图纸。他清楚，这是机器制造过程中的关键性环节，一旦设计失误，制造出来的发电机就会先天不足，造成无法估计的损失。只有做到万无一失，才能保证制造的进度和质量。

毕竟是由自己单独设计，吴向荣格外谨慎，不懂的地方就到长河厂向师傅们请教。图纸完成后，又请师兄妹审核，征求他们的意见，再做修改，最后，由俞灿平和吴鹏彬等师傅严格把关。2013 年 3 月 23 日，吴鹏彬特地来杭州富春江水电设备有限公司，和钱高积、吴向荣、熊志胜、董玉群等一起，对首台（套）水轮发电机图纸进行会审，并做了修改，为成功制造提供了可靠的保证。

正因为前期工作做得好，进展比较顺利，2013 年 12 月 17 日，吴玉泉带领团队制造的同步无刷励磁水轮发电机出厂。

这天，公司技术员汪凯、徐伟强、李平去瑞安水电站调试，发电并网成功。初战告捷，对于杭州富春江水电设备有限公司来说，在进军水电设备的路上迈出了新的步伐，这又是一个里程碑。

建于 1995 年的福建省龙岩漳平市岭兜电站处在九龙江北溪双洋河上游。原来 2 台 1600 千瓦 4 极发电机，走过 20 多个春秋后，转速每分钟 1500 转，噪音大、瓦温高，水能转换效率低，安全隐患严重，综合利用功能衰退，不仅浪费宝贵的水资源，还威胁公共安全。它像一位病入膏肓的老人，气息奄奄，随时都有倒下的可能。

如何处理，他们征求吴玉泉的意见。为慎重起见，吴玉泉、吴向荣等人特地前去踏勘。检查了整个发电机组，从损坏的程度看，如果进行改造，部件基本上都要调换，但也不能保证是否能够"返老还童""起死回生"，还不如用新的水轮发电机组合算。于是吴玉泉就把自己的想法向电站领导摊了底。

其实，岭兜电站也有另换水轮发电机组的想法了，只不过到底是否能修、修理合不合算，心里还没有底。

听了吴玉泉的分析，电站领导便定了下来。请吴玉泉重新制造机组，并要求根据他们的实际情况设计水轮发电机。

龙岩地区群山环绕，溪河众多，水力资源十分丰富，吴玉泉他们考察了水电站的水流量、地势后，量身定制设计制造发电机组。

经过半年的努力，2台水轮发电机组完工，各为2000千瓦6极，转速每分钟1000转，噪音符合国家标准，在丰水期间还可超发电到2200千瓦。发电后，效果超出了吴玉泉他们的预计，一年的运营时间长达5000小时，成为福建省的一座样板电站。

据2016年6月30日《闽西日报》报道：如今，岭兜水电站面貌焕然一新，显示出蓬勃朝气。"改造后，年平均发电量增加了约340万度，每年收入增加100万元左右，而且安全系数显著提高。"水电站站长陈龙华还将它比喻成旧房翻新，"房子重新装修了，家具又换成新的，住着肯定更舒服"。自2013年新发电机组投入使用后，运行情况良好。

2019年3月，通过水利部质标所下属的杭州江河水电科技有限公司，吴玉泉承接到为越南北强水电站制造水轮发电机的业务。这台立式发电机组为6500千瓦、20极、6.3千伏。这是他们设计制造发电机以来最大的机组。工艺要求高，焊接需经过探伤，全部的焊接件需高温热处理调质，焊接不能有气孔、杂质、开裂。强度、硬度都要符合国家标准，大轴采用45号锻件加工。

为了按时完成任务，公司多次召集各部门技术精英，专题研究定子机座、转子支架遇到的焊接难题，进行技术攻关。

在车间早会上，吴玉泉做了动员，要求全体员工加班加点、克服困难，保质保量完成越南北强的高压发电机制造任务。

9月14日，水轮发电机组转子大轴热套，吴玉泉亲临现

2019年9月14日，为越南北强生产制造的6500千瓦20极水轮发电机转子大轴热套一次成功

场指挥，大家分工合作，按工艺要求精密操作，中午12时，转子大轴热套一次性成功完成。9月底，这台100多吨的庞然大物顺利完工。经四天四夜，运到越南北强电站。

自2013年以来，杭州富春江水电设备有限公司制造小至160千瓦大到6500千瓦的水轮发电机已有100多台。销往新疆、甘肃、陕西、河北、天津、山东、山西、湖北、湖南、安徽、浙江、江西、福建、广东等省（自治区、直辖市），以及出口萨摩亚、越南等国家。

四、大岭山脚建厂房

高桥镇舒姑垟村的厂房尽管多次改造，但又跟不上发展的需要了。

车间太小、太低，起吊大型设备需小心翼翼，否则，会撞到周围的墙、上面的顶；大门太低、太窄，装载大机器的汽车，稍不留神，上、下、左、右，可能一面或两面，受到碰撞，甚至汽车被卡住；厂区除了办公楼、车间，空余之地已是少之又少，13米长的货车，在里面掉个头都施展不开。

狭小的厂区制约了企业的发展，重新择地建造新的厂区，已是迫不及待了。

创建于1992年8月的富阳县富春江经济开发区，通过有关部门审核，2005年12月30日，国家发改委公布其为省级经济开发区，并更名为浙江富阳经济开发区，成为浙江省首批通过的40个开发区之一。下辖东洲新区、新登工业新区、场口工业新区、银湖新区。东洲新区位于东洲街道，东南、南、西南濒临富春江，西接银湖街道和东洲街道界，北靠黄公望森林公园，面积36.9平方千米。

吴玉泉得到消息，2006年，开始向东洲街道申请新建厂房用地。

征地是一条曲折、漫长、艰难的路，一年多后总算有了眉目。2008年4月28日，经过富阳市行政服务中心土地交易市场，才成功竞买到浙江富阳经济开发区东洲新区大岭山脚的山坡地。5月5

日,《富阳日报》公示,工业出让用地,建造厂房。

征用土地 30 亩,位于大岭山北面尾端,赤松村王百埭田畈上侧,原为东洲公社茶山,早已荒废。

大岭山地处富春江下游北支江北岸,是富春江北面所有伸入江面山脉中最东面的一支,距富阳城区约 5 千米,为东洲街道与富春街道的分界岭。

山势呈南北走向,北高南低,到江边分成数支小山脉,自北向南蜿蜒而下,最东一支,上小下大而突兀,直伸江中,似象鼻,故有胡鼻山之称。早年因草木茂盛、人烟稀少,时有仙鹤出没,又称鹤岭。古春江八景之"鹤岭晴云",就是指此地。

元朝末年,晚年的黄公望酷爱富春山水,在筲箕泉(今东洲街道黄公望村庙山坞)结庐定居,专心从事山水画创作。除《富春山居图》之外,《富春大岭图》由南京博物馆收藏,并被作为镇馆之宝。

抗日战争期间,郁达夫的大哥郁曼陀也为大岭山画过一幅画,名为《富阳大岭山》。

20 世纪 70 年代中期,为改变东洲岛交通不畅的局面,削平胡鼻山土石用于筑坝。2009 年下半年,修建江滨东大道,大岭山又被削进近百米。大岭山的山体虽说遭到破坏,但已变成另一道风景,山岭西侧是楼盘、小区;东侧为花坪、草圃,好似一幅生机勃勃的油彩画。

杭州富春江水电设备有限公司征用的土地,则在大岭山脚的北端,离富春江约 2 千米。

2008 年六七月,新厂区基建开始。没有路,更不用说通水通电了。山坡上到处是荆棘、藤蔓、柴草。当年留下的茶叶蓬,虽然早已无人培育,但还稀稀拉拉顽强地残留着。山坡南高北低,第一步就得平整土地。幸亏有了挖掘机、推土机、渣土车，这些现代化的平整场地工具，把高处的土石挖除，装上汽车，填到低处。如果还是在用锄头挖、肩膀挑的年代，要在这里劈山造地，不知需要雇用多少人，小小的山坡，肯定是人山人海场面极其壮观。

地基接近平整时，突然遇到连续几天的特大暴雨，植被已经挖去，黄土素面朝天，没有遮挡、没有隔拦。落地后的雨水汇集在一起，更是肆无忌惮，不结实的风化土漏沙地，哪里经受得了这样的侵袭。挖掘后的新土很快成了泥浆。山水冲出一条条沟，似泥石流，往低处冲。山体滑坡，工地塌陷，受灾现场一片狼藉。等到雨过天晴，只得重新挖土填沟、平整场地，损失惨重。中心段的场地平整后，北面下坡是三叶化工公司，南面上坡为电缆盘厂，厂与厂之间的分界只有一条线。坡度大，交界处砌石坎作挡墙。为节约土地，挡墙陡峻。南北各一垛，高均8米，长130多米，各需投入100多万元，由相连的两家公司承担，各出资一半。

大岭山脚建厂房（2008年）

2011 年 4 月 29日，连日的暴雨，雨水冲入北面挡墙内，使之填土膨胀，往外扩张，加上基础松动，新砌的挡墙终于承受不住了，7 时许，只听"哗"的一阵巨响，石坎倒塌，竟有

北面挡墙塌方（2011 年）

40 多米。风雨过后，又得重新修筑。

吸取教训后，南面挡墙石坎脚宽度增加到 5 米，慢慢往里缩进，到上面，尚有七八十厘米。填土改用石块和宕渣，挡墙砌到一半，加钢筋混凝土，作为腰带，整垛挡墙牵连，增加强度。

4 月 30 日，办公大楼的建造按时开工。继而生产厂房也开始兴建。历时 1 年零 8 个月，厂区主要建筑工程完成。

2013 年 1 月 6 日下午，富阳市发改局、国土局、环保局、经信局、规划局、外经局、质检站、东洲街道等单位，派出技术人员对新厂房、办公楼进行竣工验收。他们一处处仔细检查，最后通过质检，验收合格。

厂址为大岭山路 228 号。大岭山路，东南至西北走向，南起公望街，北至高桥北渠桥。原名沿山路，因道路沿大岭山脚而建，2015 年以山得名而更名。

厂房高 14 米，厂区总建筑面积 15000 多平方米。四周种上香樟、黄金桂、香泡、木芙蓉、茶花、红枫、鸡爪槭、红叶苗、黄竿竹等，并铺设草皮，使厂区更加美丽。

3月，生产线搬迁开始，至5月13日基本完成，员工在新厂食堂就餐。7月18日，行政人员整理资料，做搬迁准备，第二天始，两天时间全部迁至新厂。7月20日上午11时零8分，举行迁入仪式。至此，员工全部在新厂区上班。

办公大楼（2018年）

生产车间（2018年）

高桥舒姑垟村老厂区，除留一部分自用外，另外一部分出租给他人。

五、与国外同行交流

与国外同行交流，也是提升水轮发电机组修理和制造整体实力的一个途径。

吴玉泉在水电行业的发展，离不开从业人员对技术的精益求精，也离不开和外界的交流，特别是与国外同行的真诚合作，分享实践经验与先进成果，拓宽思路，促进共同提高。

2006 年 8 月，在国际小水电中心组织下，吴玉泉和浙江省小水电制造企业的 10 多位技术人员一起，去秘鲁、智利、哥伦比亚、巴西等国家的小水电站参观，每到一地，便和当地水电行业的专家进行技术交流。

2006 年 8 月，吴玉泉在智利能源部考察水电站时与外国专家座谈

一个多月后的 9 月 25 日，还是由国际小水电中心组织，吴玉泉参加了赴拉丁美洲国家考察团。拉丁美洲小水电资源丰富，而开发比重却极小。为了进一步推动拉丁美洲可再生能源的利用，特别是小水电的发展，在联合国工业发展组织的支持下，一些国家邀请国际小水电中心的专家，对拟定开发的小水电站地址做可行性分析研究。

吴玉泉他们去了秘鲁、智利等国家。到达哥伦比亚后，需要去一个山区小水电站考察，当地水电部门借了一架直升机。因为还有哥伦比亚的技术人员，飞机坐不下，只好一半人先坐飞机，另一半人乘汽车，回来时互换。

水电站比较偏远，飞机要一个多小时，汽车要四五个小时。在现场，双方专家对水电站的地理环境、发电机组结构、发电情况进行了探讨。这次考察历时 9 天，与 17 个国家的能源部部长进行了面对面的交流。吴玉泉对国外的小水电站以及所需的发电机组有了深刻的了解。

2014年11月上旬，浙江省科技厅对外联络培训处组织赴日本考察，吴玉泉也应邀参加。考察团20多人，都是高新技术企业的技术人员。每到一处，对企业，特别是水电站的生产管理、设备管理进行重点考察。日本企业的先进经验，吴玉泉牢牢记在心中，以便回国后对照自己企业的不足之处加以改正。

一个多月后，日本水利专家森一明先生、宫野正克先生，在浙江省科技厅、富阳区科技局领导的陪同下，来到杭州富春江水电设备有限公司。座谈会上，吴玉泉和他们讨论有关水力发电机组的维修技术。通过交流，互相取长补短，提高水电设备制造及修护的技术水平。

2016年5月19日，亚洲国家小水电及农村电气化研修班学员在杭州富春江水电设备有限公司参观、交流

2016年5月19日，在水利部农村电气化研究所负责人的陪同下，泰国、老挝、尼泊尔、巴基斯坦、蒙古等8个国家25人组成的亚太地区小水电技术人员参观团，到杭州富春江水电设备有限公司参观。在座谈中，吴玉泉征求外国技术员对公司企业管理、设备维护方面的意见。当参观团看到世所罕见的"学习机"时，长久不肯离开，赞不绝口。

2017年9月17日，埃塞俄比亚、巴拿马、朝鲜、多米尼加、格林纳达、加纳、肯尼亚、马达加斯加、尼泊尔、斯里兰卡、坦桑尼亚、委内瑞拉、乌干达、乌拉圭、赞比亚、尼日利亚、巴基斯坦、蒙古等 18 个国家 54 人，来杭州富春江水电设备有限公司考察。吴玉泉带领他们参观了陈列馆、科普教育基地、互动体验区。座谈中，大家在水电设备的制造、技改、维修、安

吴玉泉为埃塞俄比亚、巴拿马、朝鲜等 18 个国家水电方面技术学员做现场培训

装等方面，做了进一步探讨。下午，吴向荣还陪同外国朋友来到岩石岭一级电站、二级电站，参观了水库大坝、水轮发电机组、无人值守系统、变电站等。

　　2018 年 6 月 27 日，水利部农村电气化研究所组织朝鲜、南非、埃塞俄比亚、肯尼亚、阿富汗、乌兹别克斯坦、委内瑞拉等 7 个国家 27 位水电技术人员，来到杭州富春江水电设备有限公司参观。下午，吴玉泉陪同他们来到富阳大青职业高级中学，参观了设在学校的吴玉泉技能大师工作室以及学校实训室、观摩光伏室等。在学校报告厅，吴玉泉作了《水轮发电机组故障剖析》的交流讲座。2018 年 9 月 5 日，非洲和拉丁美洲国家

2018 年 9 月 5 日，非洲和拉丁美洲国家官员到杭州富春江水电设备有限公司交流考察

的水电专家到杭州富春江水电设备有限公司交流。

同年11月上旬，第八届"今日水电论坛"在赞比亚首都卢萨卡举行。本次论坛由联合国全球南南发展中心提供项目支持，东南非洲国家

2018年11月6日，吴玉泉赴赞比亚参加"今日水电论坛"

共同市场、赞比亚水利部、国际小水电中心等机构联合主办。论坛旨在探讨如何充分利用东南非洲国家丰富的水利资源，促进水电事业在非洲的发展，为改善当地人民的生产和生活条件服务。中国驻赞比亚大使、东南非洲国家共同市场秘书长，以及赞比亚水利部常务秘书分别为论坛致辞。来自6个国家、3个国际组织的150名代表参会。吴玉泉被邀请参加，同去的有中国水利部、小水电中心以及国内其他省市的水电方面专家，会期两天。大会发言实行同声翻译，发言人说一句，翻译当场用多国语言做翻译。

2019年3月下旬，水利部农村电气化研究所副处长带领柬埔寨、印度尼西亚、老挝、马来西亚、蒙古、菲律宾、斯里兰卡、泰国、越南9个"一带一路"沿线国家的31位政府官员、专家学者、企业高管，来杭州富春江水电设备有限公司考察。在吴玉泉的带领下，他们参观生产车间、观摩水电运行控制培训中心、体验特色科普发电活动，感受了企业先进的生产技术和优质的服务能力。吴玉泉、吴向荣，富阳区职高毛志勇部长，和他们做技术交流。

同年 7 月 3 日，塞尔维亚共和国贝尔格莱德大学机械工程系教授等一行 4 人，来杭州富春江水电设备有限公司考察。双方进行了技术交流，教授们对吴玉泉取得的成就给予高度评价。

2019 年 7 月 3 日，塞尔维亚共和国贝尔格莱德大学机械工程系教授来杭州富春江水电设备有限公司考察

10 月 31 日，在水利部农村电气化研究所的安排下，乌兹别克斯坦水电站开发及中小水电站管理研修班的 23 位官员，来吴玉泉的公司参观考察。这些外国官员均为国家能源部的工程师或处长、站长。吴玉泉和他们做了技术交流。

近几年，吴玉泉每年有四五次与国外水电专家交流的机会。通过这些活动，他不仅大开眼界，还学习和借鉴他们的先进经验与技术，解决一些生产过程中遇到的难题，使企业更上一个台阶。

小水电的"黄埔军校"

在小水电维修中，吴玉泉总感觉到，技术人才的短缺已成为小水电发展的瓶颈，需求矛盾越来越突出。先进的技术只有被更多的人掌握，才能发挥出更大的作用。如何把小水电修理技术传承下去，他想到了培训学徒。凭借数十年的工作经验，他有这方面的技术，又有公司这个可供学习的平台，完全能够培养出一批水电维修行业的技术人员。

吴玉泉开始付诸行动，花巨资建起教学场所，还添置了小水电维修技术的"学习机"。这样一来，一些培训机构、大专院校也找上门来。学徒除了国内的，还有国外的。当然，吴玉泉带的学徒分两种：一种是临时性的，其实是学员，一般是有关部门委托的，人员多，时间短，只能在理论和实践上点到为止；另一种是长期性的，他必须手把手地教，起码需要学习几年。吴玉泉带出的学徒，有不少成了水电行业的精英。因此，他的公司也被誉为小水电的"黄埔军校"。

一、广招学徒

对一个接一个的催促电话，吴玉泉自然理解，小水电站的发电机一旦出现故障停下来，每分每秒都会在信誉和经济上造成不小的损失，谁不想尽快修复呢？

其实他也急啊，有时实在忙不过来。再则，需修理的小水电站大部分不在本地，一般都在外省外县，大多又处在偏远山区。赶去，近的要半天时间，远的时间更长，远水难救近火。不管是需要过去修理的，还是需要拉回来修理的，时间上都耗不起。

安装一套水轮发电机组，没有过硬的技术，十天半个月都无法完成。并且，发电设备需要日常的维护和保养，这就要一批技术过硬的人才。可是，小水电站安装修理的专业技术人员实在太少了。20世纪五六十年代培养的那批能自拆自装的技师，大多已经年老力衰，从岗位上退下来了。培训水电维修技工的机构几乎没有。

吴玉泉想，要学会一门技艺，除了学徒肯虚心学习，还得有一位实践经验丰富的师傅进行传教。他掌握了小水电站发电机组的核心技术，又有从维修到解决疑难问题、技术创新的经验，再加上有自信心，何不招收学徒，为小水电维修行业培养一批合格的检修技能人才呢？终于，吴玉泉下定了决心。

杭州富春江水电设备有限公司招收学徒是一批批的，一般在年初招收五六人，多的时候十余人，基本上是他们自己找上门来的。有从大山沟里走出来的青年农民，也有职业学校毕业的学生。他们以富阳本地人为主，亦有诸暨的、萧山的，甚至四川、河南等外省的人。这些学徒，在培训期间将学习技术与工作相结合，从而提升他们专业知识、操作技能、职业素养等整体水平，为企业的发展做出贡献。

1995 年，吴玉泉招收的那批学徒，富阳东图乡的汪凯就是其中之一。"那个时候，我刚初中毕业，我叔叔是木匠，认识吴师傅，看他的行业有技术含量，便做了介绍。当时，会修电机可吃香呢。拜师学艺后，师傅到哪里，我就跟到哪里。"当然，吴玉泉对学习技术是非常严厉的，有一次，汪凯绕的线有点皱，吴玉泉看到后就要他当即拆除，重新绕过，直到平整为止。回忆当年，汪凯十分感激师傅。如今，他不仅成了高级技师，还担任了公司的车间主任，自己也带出了 10 多个徒弟。在东洲街道总工会举办的维修电工技能竞赛中，他还获了奖。

吴玉泉带学徒的事传出后，找他学技术的人越来越多。他的学徒，从开始称他为师傅，渐渐喊成了师父。

要想拜师的学徒，有的会带上几瓶酒、几条烟，吴玉泉从不抽烟，便让徒弟带回，因偶尔喝点小酒，酒就留下了，也表示对学徒的认可。

收了这么多徒弟，吴玉泉不但不收学费，还每天倒贴三餐饭。有人感到不解，问吴玉泉，为什

吴玉泉在车间带教学徒（1996 年）

么做这赔本生意。

吴玉泉却说："小水电站坐落在山区，他们选择这一行，注定不怕苦、不怕累、不怕脏，耐得住寂寞。这年头，肯吃苦耐劳的年轻人太少了，面对这些真正愿意学习技术的青年，我怎么忍心收他们的费用呢？"

20世纪90年代前，许多父母要让孩子拜师学艺。而后来，许多年轻人缺乏吃苦耐劳的精神，觉得干维修的活，又脏又累，愿意学习的已经极少了。不少人更喜欢坐在办公室里当白领，而不是想成为一名有技术专长的蓝领。可是，未来的经济发展中，技术人才承担着更加重要的责任。因此，加大技术工人的培养力度、传承好的技艺，可以说是迫在眉睫了。

学徒满师之后，大部分留下，在杭州富春江水电设备有限公司工作。20世纪90年代教出的徒弟，还有八九个至今还跟着吴玉泉，只不过早已出师，成为师傅了。

李平是四川人，1997年，初中文化的他外出闯荡，一路寻找，来到了吴玉泉的工厂。他肯刻苦钻研技术，成了吴玉泉的爱徒，

2017年8月1日，他们参加了富阳区总工会举办的"百位名师带高徒"活动，在拜师仪式上，李平恭恭敬敬地向吴玉泉敬茶，这就是中国传统意义中的拜师礼。吴玉泉作为师傅代表，还在

2017年8月1日，富阳区总工会在富阳区文化中心举行"百位名师带高徒"活动启动仪式，吴玉泉收李平为学徒

活动现场发了言。师带徒是中国技术工人成长的传统路径，是手把手的经验传承，它能针对性地帮助学徒解决工作中遇到的实际问题。

除了为自己公司培养人才，吴玉泉还为行业培养精英。诸暨马剑的潘海龙，他外公在富阳某厂传达室值班，看到吴玉泉修理电机，就要让他外孙来学习。后来，潘海龙初中毕业，他父母把他送到吴玉泉家里，要求拜师学习技术，吴玉泉收他做了徒弟。学了五六年，学成后去了金华的一家工厂，后来还担任了该厂的副厂长，成为行业的人才。

有的学徒是吴玉泉请进来的。如开化县齐溪电站，5000千瓦发电机组振动大，需要修理，他们把发电机转子运到富阳。修好后，在吴玉泉的要求下，电站派出5位技术人员来杭州富春江水电设备有限公司学习"动平衡"校验技术，学成后回去安装，因加了平衡块，消除了振动，安装后机组运行稳定、可靠。

把技术传给水电站，以后若是出现故障，他们自己就能解决，不用再请人修理了，这不是断了自己的业务吗？有人感到不解。吴玉泉认为，授人以鱼，不如授人以渔，对于这种简单的问题，他们能够自己解决，也省得路远迢迢地去修理，对大家都有利。

2019年1月10日，浙江省农村水电站从业人员岗位培训班在杭州富春江水电设备有限公司举行。参加培训的人员有全

2016年11月24日，浙江省农村水电站从业人员岗位培训班学员前来杭州富春江水电设备有限公司实习

省各市、县（市、区）农村水电站现场管理和技术负责人、机电运行和机电检修在岗人员，共计99人。吴玉泉、吴向荣带领技术员，分别向他们介绍水轮发电机组生产制造工艺、生产流程，以及增效扩容等技改、维修、安装的实际操作技术，剖析水轮发电机结构原理和故障发生的原因。李超、汪凯、王士伟等还做了立式混流式水轮发电机组、冲击式水轮发电机组的模拟运行，导水机构的导叶开关、发电机转子吊装演示等。下午，由吴玉泉、李超上课，主讲《电站水轮机的运行与维护》《水轮发电机组故障剖析》等。同样的培训班，2016年、2017年、2018年，也在杭州富春江水电设备有限公司举办，这是学员在培训过程中的实践操作课程。

这种新型的培训模式，使杭州富春江水电设备有限公司充分发挥和利用自身资源，与省水电部门实现了优势互补，强强联合。学员在学习技能的同时，也学习了新时期的工匠精神。

吴玉泉被富阳职业高级中学聘为兼职专业导师，每年需去他们学校上课两到三次。他还到桐庐杭州技师学院、杭州第一技师学院等学校讲课。因此，他有不少学生徒弟，他们的技艺也出类拔萃。

2018年6月初，富阳区职业高级中学蒋祎锋、何艺鹏、汤奇峰，组团去河南省郑州市，参加全国职业院校技能大赛，他们参赛的是中职组"分布式光伏系统的装调与运维赛项"。

同场竞赛的有来自28个省（区、市）的79支代表队、237名选手。根据要求，在3个小时内完成分布式光伏系统项目的方案设计，并对项目中的光伏发电、控制、储能、逆变、负载等设备，依照方案安装及调试，完成分布式光伏系统的并网连接、并网运行及调试；完成智能化通信系统的安装及配置，通过最新的物联网通信技术，下发调度指令，进行分布式系统的智能化维护。经过激烈的比赛，他们获团体二等奖。在这之前的 4 月份，他们团队以总分第一的优良成绩，获得浙江省该项目的金奖，这次是代表浙江省参加全国大赛的。他们 3 人也是吴玉泉的学生徒弟。

2017 年 9 月 28 日，富阳职业高级中学学生来富春江水电设备有限公司学习

这些年，吴玉泉把自己掌握的核心技术毫无保留地传授给学徒。经他培训的技工人数已超过 1000 人，培养出年轻技术人才 200 多人，其中 50 多人已经取得初级或中级技术职称。吴玉泉说："不管是院校学生还是水电站的职工，只要肯来学习，我就会打开大门，欢迎他们走进我们的实际操作课堂。"

二、洋学徒

按照国家提出"走出去"的发展战略，我国的小水电在国际合作方面取得了很大的进展，小水电设备出口量逐年增长。

早在 1981 年 11 月，我国政府和联合国开发计划署及联合国工业发展组织合作，在杭州成立亚太地区小水电研究培训中心，经常性地举办国际小水电技术培训班。一方面，传授中国小水电经验，为发展中国家培养这方面的技术人才，帮助他们提高建设小水电的能力，促进小水电发展；另一方面，通过小水电技术和经验交流，促进中国小水电技术和设备的输出，带动国内小水电设备制造企业走出国门、走向世界。因此，外国朋友经常参加在杭州举办的小水电技术培训。

亚太地区小水电研究培训中心与杭州富春江水电设备有限公司近在咫尺，这里自然成了他们的实践课堂。吴玉泉自然而然地带起了"洋学徒"。

"一带一路"倡议的提出，极大地推动了中国企业对外投资的发展进程，但人才任用方面的问题也逐渐凸显。国外水电站的建设急需大量本土的具有实际操作经验的技术技能型人才。因此，来杭州富春江水电设备有限公司学习的外国人也越来越多。

炎夏，骄阳似火，却挡不住外国学员拜师学技术的热情。2016年7月14日，6位斯里兰卡的机械工程师，顶着酷暑，来到了杭州富春江水电设备有限公司。

斯里兰卡的水电站购买了2台中国产的7000千瓦水轮发电机组，需要安装、运行、维修、保养的技术人员，才能使电站安全正常运行。因此，他们是带着任务来学习的，年纪最大的57岁，最年轻的32岁，有两位还是硕士研究生学历。

他们晚上住宿在高桥的宾馆，白天到杭州富春江水电设备有限公司学习。因为天气炎热，在学习内容上，吴玉泉做了适当安排。上午气温相对凉快些，真刀真枪地实践操作，吴玉泉或公司的技术人员指导他们熟悉水轮发电机组的结构，反复拆装设备零件，教他们各种零部件的组合装配，目的就是为了准确掌握故障发生的位置与原因。面对机器，吴玉泉讲解工具的使用、故障的判断，将自己掌握的修理技能倾囊传授给这些"洋徒弟"们。下午在培训教室上理论课，除了吴玉泉、吴向荣等公司技术人员讲课，还请来临安区的胡平心专家主讲《水电站电气一次设备和电站故障案例分析》；安吉县的李超专家主讲水轮机的原理、结构，以及维护保养、故障案例分析等知识。

给"洋学徒"讲课，吴玉泉说一句，翻译便会当场翻译出来。实际操作

2016 年 7 月，6 位斯里兰卡工程师来杭州富春江水电设备有限公司实习，吴玉泉为他们做现场讲解

时，有时多人提问，由于语言的差异，不要说吴玉泉，就是翻译反应也没有这么迅速。吴玉泉只得一边慢慢地讲一边做着手势，让他们加深理解。

这些"洋学徒"学得认真，因为他们清楚，中国师傅们的技术水平很高，一定要把握好这次机会。对于不懂的地方就提出问题，吴玉泉总是一一作出解答。

通过 20 多天的学习，他们"结业"了。回去后，立即投入到小水电站工作，据反馈的信息，那两台机组投入使用后，发电运行正常，这些"洋学徒"能够自行操作和维护发电机组了。

同样是 2016 年，在水利部农村电气化研究所的推介下，泰国、老挝、尼泊尔、巴基斯坦、蒙古等国家的 60 多人，也到杭州富春江水电设备有限公司进行实际操作技术培训。

2017 年上半年，还是水利部农村电气化研究所，将 4 批外国学员带到吴玉泉的公司。这些都是"一带一路"沿线国家的学员，他们采购了我们国家的水力发电设备，但不会安装维修，所以来接受培训。对于这些"洋学徒"，吴玉泉总是亲自带领他们去技能大

师工作室操作，一遍又一遍地耐心讲解，直到教会为止。

关于培养"洋学徒"，吴玉泉觉得这既可以使我国的水电技术在国外发扬光大，也用勤奋和专业诠释了中国工匠的精神。

2016年以来，吴玉泉已对50多个国家300多位"洋学徒"进行了培训。随着"一带一路"倡议的推进，中国小水电技术受到越来越多沿线国家的热捧，来杭州富春江水电设备有限公司学习的"洋学徒"也将不断增加。

三、发电"学习机"

"学习机"是学生群体中比较普及的一种便携式学习设备。那么，杭州富春江水电设备有限公司怎么会做出发电"学习机"呢？

吴玉泉深知，水电维修不仅要理论，还得有很强的实际操作能力。但是，大多数水力发电站需要承担发电任务，发电机是在运行中的，部分设备还在水中，根本不可能为学员提供直观教学。

正因为如此，不少学员对小水电整台机组没有一个准确完整的概念。不经过实际操作，想掌握过硬的本领是非常困难的，让他们上岗还得经过漫长的实习过程。

为了提高培训效率，吴玉泉有个大胆的设想，在厂里建造一座能够发电的小水电站。当然，这不是真正的发电，只是用于教学。如果真的发电，还要有水源，不可能用自来水吧？

2013年，他创建了实验室，买来机电设备用于培训。

新昌门溪水库电站两台1600千瓦6300伏的立式水轮发电机

组已经用了 30 多年，2014 年退下来了。吴玉泉想到，改装后可以作为专供学习用的机器，就去参加竞拍，结果以 40 多万元的价格竞拍成功。

吴玉泉亲自带领 10 多人的团队去门溪水库电站，把两台机组仔仔细细地画上记号，小心翼翼地拆下运回公司。再把发电机定子、转子线圈增容技改到 2000 千瓦，有的零部件进行调换或修理，技改的费用就达 50 多万元。按照电站的标准，建造发电机层和水轮机层。用于土建的钢材就达 16 吨。挖机费用和打桩支出数万元。安装时间 90 多天，安装费用支出 30 多万元。

2×2000 千瓦立式水轮发电机组"学习机"（2016 年）

厂区内不可能有供发电用的水源，这两台机器需要用直流电机、减速器拖动装置运转。因此，实质性的发电是算不上的，只能模拟发电，用于教育实践。

有位设计人员说，需用 80 千瓦电动机带动。吴玉泉测算后觉得电动机容量过大，浪费用电。他不断地试验，经过反复实验，最后决定采用 17 千瓦直流电动机拖动，结果运行状况良好。

有了这两台机器，吴玉泉培训学员的实践之路又跨出了一大步。

2015 年年初，他又增购了一套机电设备，实验室的面积也增加了一倍。2016 年 6 月，添置两台 320 千瓦卧式水轮发电机组，建成一座实训平台，专供教学用。不去水电站就能够直观地现场学习水力发电设备维修技术，并提供机组解体、维护、保养、修理、安装、试验、排除故障的实际训练。这些设备看得见、摸得着，师傅可以讲解示范，学徒可以动手操作。

发电机组"学习机"（2019 年）

这天，《浙江日报》记者前来采访，听吴玉泉介绍了学习用的发电机后，就直截了当地提出，干脆把它叫作"学习机"吧。"学习机"的名称就这样叫开了。

新昌竞拍来的那两台水轮发电机，可提供拆、装的实习。因为小水电站的发电机组"每年一小修，三年一大修"，大修时，必须把部件全都拆下来检查。拆装技术的学习大多是在师傅带领下，参加发电机维修，一边拆装，一边琢磨，而对于参加培训班的学徒，特别是国外来的学员，就得靠这"学习机"了。

在技术师傅的指导下，从上往下拆，像拆房子那样，从屋顶开始到墙脚。拆时，用 10 吨行车，把拆下的部件吊下来放到一边，做仔细检查，看有没有损坏的地方，如有坏了的，立即修理。

全部拆除后，在地上打好水平、定好中心，再重新安装，间隙、气隙要调整好。一般拆除 3 天，安装要 20 多天，拆装成本就高达 10 万元。所以，对于几天的短期培训是不拆装的，只有像斯里兰卡学员那样较长时间实习的，才对"学习机"大动筋骨。

当然，对于短期实习，作用还是不小的。这天，两台 10 多米高的水轮发电机组正在隆隆转动，吴玉泉带领着学徒钻进发电机组的底部。"这里有 16 片导叶，如果机组停不下来，首先查查导叶的关闭情况。""水从右边涌入，站在这里，要特别注意安全……"在"学习机"里，吴玉泉耐心地为学员们讲解着。

"学习机"解决了无法在水电站直观教学的难题，培养真正掌握小水电维修的高技能人才。

在杭州富春江水电设备有限公司，教学用的还有全自动现

发电机组"学习机"（2019 年）

代化的中控室，以及培训教室、多功能教学厅、教学大型会议室、教学小型会议室，还有风力发电设备系统、太阳能光伏发电设备系统，等等，算是小水电教学实践的配套工程吧。

在"学习机"旁的图板上，记述着篾匠、泥水匠等传统匠人的故事。吴玉泉说："别以为他们与维修制造水轮发电机组风马牛不相及，其实，修电机与手工艺有很多相似之处。篾匠的蹲功，脚再酸

胀，也不能站起来；泥水匠当天拌好的灰浆，不管多么晚了，必须用完，这就是坚持。这些匠艺师傅，工作时一丝不苟，最重要就是对技术的精益求精。"这，也是工匠精神吧。

粗略一算，吴玉泉用于"学习机"及配套设备的资金已经超过600万元。自建成起，水电"学习机"经常性地接收水利部农村电气化研究所、杭州国际小水电中心等组织的国内外学员，还有一批又一批的大中专院校学生，人数累计已超过2万，其中已成为技术人员的就达1000多人，包括50多个国家和地区的水电专业人才。

一些国外学员对这个罕见的水电"学习机"赞叹不已，感叹不虚此行。现在，连一些外国水电方面的人员也知道，杭州有个建在车间里专供学习用的"小水电站"。

吴玉泉一直有个梦想，希望不久的将来，在车间里造出一座"智慧水电站"，和附近的湖源水电站、岩石岭水电站等实现并网发电，全程电脑操控，遇到故障再派技术人员前去清除，这样，将会使水力发电技术进入到一个全新的境界。

水电博物馆

建一个水电博物馆，是吴玉泉一直以来的夙愿。经过多年的努力，他终于梦想成真。2018 年 7 月 17 日，富阳区民政局颁发"富春江水电设备陈列馆"的证书，业务主管单位是富阳区文化广电新闻出版局。2021 年 6 月 17 日，杭州市民政局颁发"杭州富春江水电博物馆"的证书，业务主管单位是杭州市园林文物局。业务范围：水电和机电方面实物及图片收藏、展览；水电和机电知识科普宣传和学习、交流。

他们还创制了一些趣味发电体验式的项目，供参观者互动，使博物馆成为水电的科普场所，教育功能日益凸显。起到了水电文化的宣传、教育、普及效果，也为学术研究、交流提供了平台，并展示了企业的形象，成为企业文化设施的重要组成部分。

一、藏品故事

藏品是人类智慧的结晶，是人类宝贵的精神财富，对社会的发展有着重要的作用。对于专业博物馆来说，藏品是博物馆存在的物质前提，任何一个博物馆都必须拥有藏品，没有一定数量和质量的藏品，就不能很好地发挥博物馆特有的作用。

随着我国经济的发展，工业文化历史的挖掘和传承工作越来越受到重视，一些水电设计、制造、科研人士，已经意识到水电建设的历史和文化传承的重要性，纷纷着手收集，并已经取得了一系列的成果，吴玉泉就是其中的一员。

在水电站发电机组维修和改造过程中，吴玉泉常常看到，一些调换下来的水轮发电机组或部件被当作废铁处理，感到非常可惜。他萌发了收藏旧水电设备及零部件的念头，并开始付诸行动。

走进杭州富春江水电博物馆，四周的墙壁上展示着我国水电站发展史的图板，使参观者能够全面地了解到中国当代水电事业的发展过程。

机器与美女：在杭州富春江水电博物馆
（徐迅雷　摄）

最引人注目的是那 300 多件（套）水电设备及零部件，别以为这是极其平常的废铜烂铁，那可都是发电设备的老古董，有着深深的年代烙印，有些还有特殊的意义。

这些老物件，是吴玉泉从全国各地水电站中"搜刮"来的宝贝。面对藏品他如数家珍："这些，是我在工作中收集来的；这些，是托朋友采购的；那些，是经过抢救性修复的。大多数是 20 世纪六七十年代使用的。我做这些事，一方面，让青少年了解电机的发展史，另一方面，为现在的水电设备研究提供借鉴。"

他收藏的范围，水电方面主要有三类：一是能反映各年代的各种水轮发电机组及零部件；二是用于水轮发电机组维护、修理、制造，现已淘汰的工具；三是反映我国水电发展的照片、图文资料等。

吴玉泉创办富春江水电设备陈列馆（今杭州富春江水电博物馆），得到了浙江省农村水电行业协会的大力支持，协会特地发了《关于征集水电科普教育实物资料的通知》。通知指出，为进一步推动水电科普知识的传播，提升社会对水能资源开发利用的认识，了解水电行业的发展历史，展示水电人的工匠精神，全面反映我省水电发展的历史演变过程，呼吁各有关单位、协会会员，提供身边报废闲置的有关水电设备、器材、资料，为宣传我省水电事业出一分力。文后还附上吴玉泉的联系方式。

接到通知后，一些水电站及协会会员，在水电设备维修、改造时特别留心注意，发现有代表性的物件，主动向吴玉泉提供线索。

收藏的老式皮带传动轴流式水轮发电机组，是从开化县城关电站征集来的。机组长 3 米，约 500 千克重。水轮机，由金华水轮机厂 1968 年 10 月生产，发电机，是萧山电机厂（现杭州杭发发电设备有限公司）1968 年 12 月制造的。轴流式水轮机，是奥地利工程师卡普兰 1920 年发明的，故又称卡普兰水轮机。在低水头、大流量水电站中，得到广泛应用。这种机型我国用得比较多。通过这件藏品，参观者可以了解、熟悉此类发电机的构造，对研究我国水电的发展有一定的意义。

冲击式水轮发电机组，来自江西省上饶市上泸水电站，由乐清机械厂于 1976 年 8 月生产。1889 年，美国工程师佩尔顿取得水斗型冲击式水轮机的专利，世人称之为佩尔顿水轮机。它有流线型的伸缩喷嘴，能把水流能量高效率地转变为高速射流的动能。大型水斗型冲击式水轮机的应用水头，一般为 300 ～ 1700 米，小型的则为 40 ～ 250 米。

罐室引水式水轮发电机组，原为武义县大田乡古竹水电站使用，1971 年生产。这种小型罐室引水式混流发电机组，由引水部分、导水机构、转动部分、尾水管组成。这是吴玉泉从废铁收购人员那里买来的。

斜击式水轮机，属于冲击式水轮机的一种，主要由喷嘴与转轮等组成。转轮由外轮圈、内轮毂和所固定的若干单碗形斗叶组成。喷嘴射流以 22.5 度的角度斜冲转轮正面的叶片后从背面流出。结构简单，造价低廉，但效率低，仅应用于水头 20 ～ 100 米的小型水电站。所展示的水轮机，于 1974 年 10 月生产，来自江西省上饶市的一座水电站。

这些发电机组，有些是花 5000 ～ 20000 元不等的价钱收购到的，还有一些是通过拍卖行才竞拍成功的。

当然，征集有特殊意义的发电机组并不是一件容易的事。金华市湖海塘水电站是中华人民共和国成立后第一座小型水电站，其 200 千瓦水轮发电机还是从美国进口的。得知机组"退役"的消息，吴玉泉便去和他们商量。尽管吴玉泉和他们关系不错，可毕竟也是水电中的一个全国第一，他们舍不得转让，想把它存放在厂房内，留作纪念。

多次协商不成，2018年冬，吴玉泉派人去拍了照片、视频，并对机组的水轮机、发电机进行测量、绘图，每个零部件都记得清清楚楚，准备仿造后作为展品。

上海电机厂的一块铭牌也被吴玉泉征集到了。铭牌来自容量为60000千瓦的水轮发电机。上面还有毛主席语录："中国人民有志气，有能力，一定要在不远的将来，赶上和超过世界先进水平。"铭牌放在那里，格外醒目。

吴玉泉得到消息，葛洲坝水利枢纽二江电厂7号发电机组将进行增容改造，单机容量从12.5万千瓦增容至15万千瓦，改造中，一些零部件将被更换。

1970年12月25日，毛泽东主席批准兴建葛洲坝工程。葛洲坝水利枢纽，奠基于20世纪70年代初，竣工于20世纪80年代末，是万里长江第一座大型水电站，也是世界上最大的低水头大流量、径流式水电站，是中国水电发展史上的一座丰碑。机组是由20世纪50年代初始建的老牌企业哈尔滨电机厂生产的。征集葛洲坝电厂发电机的零部件，意义不小。

吴玉泉通过水利

2018年12月26日，吴玉泉赴宜昌葛洲坝水电站参加"葛洲坝电厂向富春江水电设备陈列馆捐赠展品仪式"

葛洲坝电厂集电环（2019 年）

部的朋友去和他们协商。因为这是宣传水电文化，同时也宣传了葛洲坝水电站，葛洲坝电站方面非常支持，同意把部分零部件无偿捐赠给富春江水电设备陈列馆。

2018 年 12 月 26 日，吴玉泉特地赴湖北省宜昌市，参加"葛洲坝电厂向富春江水电设备陈列馆捐赠展品仪式"。

这次捐赠的有 12.5 万千瓦发电机的集电环、硅钢片、定子线棒、定子槽内垫条、转子磁极极间连接片、定子鸽尾筋、转子磁极线圈、转子磁极阻尼环连接片等 10 多件发电机的零部件，重达 2 吨左右。

建于 1957 年 4 月、1960 年建成投产的新安江水电站，是中华人民共和国成立后中国自行设计、自制设备、自主建设的第一座大型水力发电站。作为水电博物馆，新安江水电站的实物不能缺少。经过努力，吴玉泉征集到 72500 千瓦发电机的定子线棒。

位于富春江桐庐段的富春江水电站，1958 年 8 月正式开工兴建，1968 年 12 月 25 日，第一台机组开始发电。发电设备已运行 50 多年了，吴玉泉正准备向他们征集零部件时得到消息，其已做了技改。尽管吴玉泉马上赶去，可还是慢了一步，他们已将换下来的零部件做了处理，废品收购商已在叫人切割。吴玉泉当即找到电站负责人说明情况。电站方面非常重视，和废品收购商协商后，用另外的废铁调回了还没有被毁的水轮发电机转轮螺栓，还有 1960 年生产的 50 吨行车滑轮。这两件物品，终于成了富春江水电博物馆的展品。

除了水轮发电机组，还有整流变压器、调节变压器、试验变压器；三相异步电动机、减速电机、直流电动机等，有的电动机还是进口的；修理、安装工具有硅整流设备、交流电焊机、直流电焊机、滤油机、励磁机、电流互感器、冷却器、调节变阻器、滑环、转子开路检测器、感应调压器；等等。

这些藏品都是各个年代的产物，有的已经被淘汰。但是，一件件历经岁月的老旧设备，记录了每个时代的光荣与繁华。每一个老物件都有着属于它们自己的印记，也承载着一代代水电人对往昔的记忆。

图板上那些展示中国水电发展的图片，是吴玉泉和姚太谟、何荣发一起去浙江水利厅、浙江水利水电学院等档案室查找到的。

吴玉泉创办的富春江水电设备陈列馆，在国内有了一定的名气。2017年11月9日，全国水利博物馆联盟成立，这是一个由水利方面的博物馆、展示馆、陈列馆、纪念馆、展览馆、科技馆等组成的公益性交流协作服务平台。2018年10月10日，全国水利博物馆联盟会议在安徽省宿州市举行，吴玉泉应邀参加。会上，富春江水电设备陈列馆成为

全国水利博物馆联盟专家委员会专家聘书
（2019年）

联盟单位。至此，全国有36家水利类博物馆加入，这是第一家民办的。

2019年10月24日，吴玉泉赴重庆市涪陵区，参加全国水利博物馆联盟2019年年会，吴玉泉被聘请为全国水利博物馆联盟专家委员会专家。

二、趣味发电

趣味发电，就是用有趣的方法，使人们在了解理所当然的事情中所蕴藏的深意。对学生来说，能够直观地感受科学的魅力，因而爱上科学。

一些原来的家具和农具，经过改造后，在人力的踩踏、摇动下，带动发电机运转，并通过外接发电设备，将发出的电流用于电灯、微型风扇等的互动体验项目，使参观者，特别是少年儿童，能够身临其境地了解电的来历。因为是在游戏中发出电能，所以被称作趣味发电。

趣味发电以人力为动力，不依赖煤炭、汽油、柴油、水源等能源，是一种新型的绿色能源系统。优点有结构简单，操作方便，安全可靠，老少皆宜，不受空间、时间制约，只要有人、有力气，就可以全天候发电。

为了设计趣味发电，吴玉泉也动足了脑筋。这天，他带着员工汪凯、徐伟强、李平、覃会植等，来到新沙岛农家乐。当然，他们并非来此游玩，而是参观老式水车车水、老牛拉车等，目的是了解这些古老农具的部件结构和原理，从中得到启发，设计趣味发电的工具。

第一台趣味发电的机器是手摇发电机。吴玉泉采购来手摇柄、皮带轮、三角皮带等材料，用钢板等做好支架，通过手摇装置，带动从动轮运动，使永磁发电机切割磁力线产生电能，在转动过程中，促使0.8千瓦发电机发电。电发出后，吴玉泉想到了30多年前自己制作的首台立式电风扇。于是他就把它找出来，接上电源，手摇发电机发出的电，带动了电风扇吹出风来。试验成功了，他的劲头更大了。

脚踏打稻机是极普通的农具，20世纪六七十年代，富阳农村到处都有。随着电动打稻机的出现，它成了稀罕之物。吴玉泉四处打听，都说早就处

脚踏打稻机发电（2019年）

理掉了。他想，可能江西山区的农村还有搁置的。抱着试试看的心情，他给江西的一些朋友打电话，请他们帮助寻找。功夫不负有心人，在地处浙、赣两省接壤处上饶市德兴市绕二镇塘湾村找到了一台。接到江西朋友打来的电话，吴玉泉马上赶去。以800元的价格买下，抬到公路边，又花1000元运费叫了辆汽车，直接装运到富阳。连杉板做的稻桶，也一起运来了。吴玉泉一步步摸索，一边设计一边试制，为防止触电，在容易被人碰到的地方，还用绝缘材料做了隔离。制造成功了，可供单人或双人踩踏，电发出来后，点亮电灯，带动电风扇。

独轮车发电。握住两车柄往前推，车轮转动，带动焊接在车轮上的主动轮，通过皮带再带动从动轮，使永磁发电机开始工作，内部切割磁力线产生电流，输出到插线板，与大灯、尾灯、电扇连接。每次活动，独轮车比赛是必选的项目。3人各自推着装有酒坛

独轮车发电（2019 年）

的独轮车，看谁先到目的地。推得越快，电越充足，一路飞奔，车架上灯亮，小旗飘扬，电扇还会为你送来凉风。过去，独轮车是山区农村的主要运输工具，起早落夜，摸黑推车是常事。那时，如果独轮车能自身发电，就太方便了，人们再也不需要在车的前面缚电筒或火把了。

黄包车助力发电。黄包车的轮子直径 1 米左右，一只轮子带动发电机，拉动时，发出的电压 24 伏，通过减速机，连接到另一只轮子上，使之带动车轮，以减轻拉车者的体力消耗。

脚踏水车是老底子平原地区抗旱的主要农具。水车发电，采用滚筒、支撑架、扶手架等。操作时，两手搭在扶手架，脚踩踏筒，使滚筒转动，带动主动轮，通过皮带使小传动轮转动，再带动大传动轮、从动轮、输入轴，切割电磁线圈产生电流，永磁发电机将电流输出到插线板，霓虹灯闪烁，电风扇为踩踏者送去微风。

水车式发电（2019 年）

爆米花机是从浦江采购到的。坐在板凳上，摇动手轮，转轴带动转筒、主动轮，通过皮带使从动轮转动，发电程序和脚踏水车等相同。爆米花机左侧有一小平台，上置两副捣碓，

爆米花机发电（2019 年）

利用水碓的原理，接通爆米花机发出的电，使木杆带着舂子，一上一下地舂动，增加了趣味性。

相似的发电模式还有自行车、纺线车等，都是通过人力转换机械能，再变电能，电能变光能，光能照到硅板，硅板发生的电蓄存到蓄电池里，蓄电池放电可以点亮灯泡，发出光芒，能使微型电机运转。

牛车发电。是 2018 年上半年开始动工的，边设计边制作，直到 2019 年上半年完成，时间长达一年多。为了做牛车，吴玉泉四处找"牛"，寻假牛不知要比找真牛难多少倍。后来，托中国美院雕塑系的朋友帮助打听，才在江西找到了那头"牛"。以 13000 元成交，运到富阳的费用就要 1300 元。但算算还是合算的，如果请人单独制作，起码得三五万元。

"牛"有着落了，开始做牛车盘，直径 2.5 米。"牛"运回来了，高就达 1.5 米，在牛车盘边一站，"牛"大盘小，就不匹配了，只好重做。牛车盘直径扩大到 3 米，高 1 米左右。

"牛"是用玻璃钢做的，500 多斤重。两只眼睛像铜铃，弯弯的牛角青里透亮，宽宽的背脊，发达的胸肌，四条又粗又短的腿，

2019年9月17日，富春大青小学学生参加骑坐
牛车发电活动

一看就是头威武的老水牛。如果作摆放用，称得上十全十美了。但是它还要被人骑，这就需要做一些改造了。因为它的肚子是空的，用木档作支撑。按设计要求，"牛"背上要骑两个人，木档肯定承受不了，得改造。把木档撤除，改换成直径25毫米的螺纹钢。这一来，"牛"身强力壮了。给它配上鞍子，既美观，又便于骑坐。"牛"站在半圆形的传动车上，左脚抬起作朝前跨状，靠下面的滑轮移动，负荷重，转速缓慢，这也符合牛的习性。"牛"身后有木棍，和内侧的牛车盘相连，"牛"行走，带动牛车盘。启用时，人工推动牛车盘上的推杆，使牛车盘转动。也可对驱动电机供电，使传动车带动转盘。这两种方法均可使转盘转动进行发电。牛车盘上的霓虹灯发亮，电扇旋转。车盘下附设柱式玻璃缸，里面的塑料金鱼会随着牛车盘的旋转在水中上下窜动。因此，牛车还有亮灯、节水、养鱼三大功能。牛车盘上放有6张小椅子，可坐人，同时，在牛背上骑2人。骑"牛"坐牛车发电，是最受人喜爱的项目，不要说小朋友流连忘返，就连一些身材魁梧的外国人骑在牛背上也不想下来。

水车蓄能发电。通过人力将水送到高处，再流向低处，进行水力发电。2020年3月，受新冠肺炎疫情的影响，企业一时无法开工，吴玉泉就利用这个时间研制水车蓄能发电。水车长2.8米，考虑到要放在室外，又常和水打交道，零部件尽量用耐腐、坚固的材料制作。除了龙骨和手柄仍用硬木，车身用不锈钢，腹板是环氧板，主轮和辅轮为尼龙。材料采集后，吴玉泉利用厂里的数控切割机，亲自参与制作。

水车蓄能发电设施安装在厂房后面的山脚边。建有水泥蓄水池，通过人力手摇水车，将水引到约3米高度的小水池中，完成提水过程。再经过管子，使水往下冲到水轮机转轮，带动发电机，切割磁力线产生电势发电，发出的电压为12伏，可以点亮灯泡。车水越快，发出的电能越多，以此衡量人的臂力及体力。

除此之外，吴玉泉还采购到江苏的风力发电设备。山东的太阳能发电设备，这些都装在屋顶。

趣味发电，可以互动，供参观者体验。当然，这是小朋友最感兴趣的活动。东洲小学五年级的36名学生，体验完互动趣味发电后，久久不肯离去。

对于刚接触物理不久的初中生来说，在这里，连一台简单的设备，都能通过活动，展现能源的转换。这使他们明白，现实中，各种转换随处都有，身边有的是能量，可以通过一定的方式互相转换，只是他们平时不注意罢了。

富春第五小学三（5）班的汤宇唯同学，参观后写道："踏在'跑步机'（水车）上，用力往下踩，奇迹出来了，电灯亮起来了，电风扇也欢快地转动着。当我骑上自行车，拼命地蹬呀蹬，使出了全身的力气，所有和自行车相连的电器，都动起来了。"他深有体会地说："电力电力，电可以用力气造出来的。"

把打稻机、脚踏水车等发电设施当作健身器，对于用健身器械锻炼身体的人来说，在健身的同时，还能以消耗能量来发电，也是一举两得的好事。一边健身，一边观看电灯闪烁，兴趣来了，就不会感到枯燥无味，也不会疲倦了。

截至 2020 年年底，不到 3 年的时间，参与趣味发电互动项目的已有 3 万多人次了。

三、科普教育基地

科普教育基地，是各科协、学会（协会、研究会）为充分调动社会各方面科普工作的积极性，发挥社会科普资源的作用，面向公众开展科普教育活动，积极推进科普工作的社会化、群众化、经常化，为实施"科教兴国"战略和提高公众科学文化素质服务而设置的教育基地。

吴玉泉创办科普教育基地的想法，源于浙江省水电协会秘书长的启迪。

2014 年初夏的一天，浙江省水电协会李骏秘书长，带着 100 多位水电行业的技术人员来到杭州富春江水电设备有限公司参观。看到这些用于学习的机器，李秘书长忽然想到了科普教育，便对吴玉泉说："吴总，你这里可以搞一个科普教育基地。这对于青少年来说，是件大事，而且非常有意义。"

吴玉泉听后深受启发。中国科协提出，科普工作为经济建设服务，积极培养工业科技人才和"工匠"，并为广大青少年增长科技知识提供服务。作为企业，是应该在搞好生产经营的同时，在有条件的情况下，创办一个行业科普教育基地。可以说，杭州富春江水电设备有限公司已经有了这方面的基础。

　　吴玉泉自筹资金、自行设计,水电行业科普教育基地建立起来了。基地占地面积近2000平方米,设生产区、陈列区、互动区、报告区等多个展示区。拥有立式水轮发电机组,成套冲击式、斜击式、贯流式水轮发电机组,全自动现代化控制中心,成套光伏板发电设备,成套风力发电设备等,以真机立体化展示手段及图文形式,使参观者直观了解中国当代水利水电的发展过程。科普教育基地全年对外开放,需参观的单位,只要提前预约,就可免费观看。

　　2017年4月6日,中国科普作家协会工业科普创作中心给杭州富春江水电设备有限公司授牌,使之成为"中国科普作家协会工业科普创作中心科普教育基地"。

　　翌日,中国科普作协工业科普创作中心陈福民主任、杭州市科协科普部余勇平部长特地来杭州富春江水电设备有限公司,参加"科普教育基地"授牌仪式。经(中科作创字〔2017〕2号)文件任命,陈福民为主任(兼),杭州富春江水电设备有限公司总经理吴向荣为常务副主任,中心理事会成员、富阳区企业报研究会顾问姚太谟为副主任,杭州富春江水电设备有限公司办公室负责人为秘书长,吴玉泉等为顾问。授牌仪式前,参加人员参观了各时段的发电

2017年4月7日,中国科普作家协会工业科普创作中心、杭州市科协等单位的领导,参加在杭州富春江水电设备有限公司举行的"中国科普作家协会工业科普创作中心科普教育基地"授牌仪式

杭州富春江水电博物馆适合小朋友体验
（徐迅雷 摄）

机组藏品及配套设施，了解发电原理，提前体验了一次科普教育。

2017年7月6日，水利部科技推广中心、浙江省水利厅科技推广中心等单位的领导，考察了杭州富春江水电设备有限公司工业科普实训基地。7月17日，颁发《关于设立水利部科技推广中心小水电技术创新与科普推广基地的批复》（水技推〔2017〕50号）文件，使之成为水利部的一个科普基地。

2020年3月26日，杭州市科学技术协会、中共杭州市委宣传部、杭州市科学技术局、杭州市教育局联合命名11家单位为杭州市青少年科普教育基地，杭州富春江水电设备有限公司榜上有名。

杭州富春江水电设备陈列馆被国际小水电中心授予"小水电科普工场"。2020年6月29日下午2时45分，在杭州富春江水电设备有限公司办公大楼一楼举行授牌仪式。国际小水电中心副主任黄燕、国际小水电中心科技外事处处长张煜明等参加。国际小水电中心"小水电科普工场"，在浙江省尚属首家。

已有87个国家510名会员的国际小水电中心，在我国建有6个示范基地。这些基地积极响应"一带一路"倡议，充分发挥国际组织平台优势，不断深化小水电领域国际交流合作，促进中国小水电技术走出去。在技术推广过程中，国际小水电中心重视对公众科学知识的普及，促使青少年树立正确的生态环保意识。黄燕副主任说"创建小水电科普工场，有利于小水电知识和业务在国外进行科学、客观、正面的推广和宣传，具有良好的示范价值"。"小水电科普工场"挂牌后，杭州富春江水电设备陈列馆将成为面向国际的科普馆，进一步以"体验、创新、成长"为主题，采用展览、实践和教育相结合的方式，面向全球，特别是向青少年弘扬科学精神，普及科学知识，传播科学思想和科学方法。

富阳区老科技工作者协会，也把这里作为他们的"工业科普教育基地"，经常性地前来交流经验、开展活动。

富阳区委宣传部、区科学技术协会、教育局、科学技术局，把这里作为青少年科普教育基地。

为促进市民爱科学、学科学、讲科学、用科学的兴趣，富阳区科学技术协会开展"科普自由行"活动。2018年第二期就安排在杭州富春江水电设备有限公司。浙江电视台少儿频道、富阳新闻网等单位闻讯派记者前来采访。4月7日下午，承办单位富阳区公众科普研究中心组织200位市民分成10组，每组20人，分线路参观水电陈列馆、技能大师工作室、风能和太阳能发电，解说员为他们讲解了新能源与常规能源的区别、新能源发电等科普

2020年6月29日，联合国工发组织国际"小水电科普工场"授牌仪式现场

知识。吴玉泉向他们介绍了公司发展的历程。

"科普自由行"第40期工业劳动教育体验之旅，也在杭州富春江水电设备有限公司举行。在"小工匠"实习室内，有钳工桌13张、台虎钳52台，还有榔头、起子、扳手、钢锯等工具。50多位小朋友，钉钉子，拔钉子，起螺丝，锯木头，做起了小工匠。

2019年5月16日上午8点，浙江同济科技职业学院张盈老师同20多名水利系和机电系的学生，乘着大巴车来到杭州富春江水电设备有限公司。张盈老师觉得，来这里参观，有利于学生了解自己所学专业的前世今生，提前收获职业认同感。

走进车间，一位身着沾有机油工作服的老工人开始为学生们演示。只见他来到操作台，熟练地按下按钮、启动机器、转动转盘，一台差不多有两层楼高的水轮发电机组便灵活地转动起来。

老工人说："这台水轮发电机，是我们公司自己设计改造的。正是因为掌握了这门技艺，许多20世纪90年代前的老式发电机，能在这个小小的车间里起死回生，重新返回发电的岗位。"

接着，他们还参观了水电设备陈列馆，互动了趣味发电的各个项目。

在老工人的带领下，师生们走进公司的荣誉陈列室。只见满墙都挂着荣誉证书、发明专利证书、实用先进技术推广证书等，而且几乎指向同一个名字——吴玉泉。有位学生小声地嘀咕着说："这位吴玉泉大师好厉害，真想见见他。"

张盈老师笑了笑对同学们说："没想到吧，大师不是一直在你们身边吗？"

这时，学生们才恍然大悟，原来这位老工人，就是吴玉泉大师。

参观结束后，同学们进行了热烈讨论，吴玉泉的创业之路，给想创业的同学指明了方向，树立了目标。"我明白了，创业的路，是踏踏实实一步步走出来的。""爱岗、敬业、讲奉献、懂创新，正是社会主义核心价值观在实际工作中的体现。"同学们踊跃发言，谈感受、谈理想。

张盈老师对学生们说："你们能从参观、体验、聆听中有所思考，相信你们一定能计划好自己的未来，拥有出彩的人生。"

《富阳日报》小记者团要来参观，吴玉泉考虑如何用一个简单易懂的教具，向学生传授导电知识。最后，他选定了电池、条形磁铁和回形针。

小记者章瑾瑜做好实验后，在作文中写道："我和同学分在一组，老师让我们用导线来做一个小小的条形磁铁，再将绝缘套固定在一颗大的螺丝上，用导线缠在一起，要绕 50 圈，

2019 年 9 月 20 日，渔山乡中心小学 46 位小学生来科普教育基地实践

将两个导线头刮干净，再把导线一头对着电池正极，另外一头对着负极。神奇的事情发生了，我用这个简单的条形磁铁，制造出了小磁场，把回形针全部吸起来了。接着，老师又让我们尝试了绕 100 圈的导线，还说磁力会更大。我终于明白了，导线绕的越多，磁力就会越足。真的好神奇啊！今天我们接触的只是简单的导电，还有更加深奥的电力来源，等待着我们去学习，去探索，去解开心中的种种谜团。"章同学作文中的老师，就是吴玉泉。

　　富阳中学、富阳职业高级中学、郁达夫中学文豪校区、桐庐县凤川初级中学、富春第四小学、大青小学、东洲小学、渔山小学等，也组织学生和家长，前来科普教育基地参观、实习。

　　浙江同济科技职业学院的领导和教授，实地考察了吴玉泉他们的公司，决定作为学院的实习基地。除此之外，浙江水利水电学院、杭州轻工技师学院、杭州科技职业技术学院、富阳学院大青职业高级中学、杭州市富阳区富春街道第四小学等院校，均和杭州富春江水电设备有限公司开展校企合作。同时，杭州富春江水电设备有限公司还成为水利部农村电气化研究所的水电与新能源试验基地、水利部农村水电工程技术研究中心的中试基地。

　　杭州国际小水电中心，经常组织国内外学员前来实地参观学习。参观中，吴玉泉竭尽所能地为学生辅导和讲解水轮发电机组、光伏发电设备及风力发电机组的结构和原理，同时还讲解这些设备的维修、故障排除、安装和调试等相关课程，并指导学生们开展实际操作，培养他们的工作能力和职业素质。

2019 年 5 月 27 日，水利部农村电气化研究所到杭州富春江水电设备有限公司航拍科普教育基地

　　2019 年 5 月 27 日，水利部农村电气化研究所还特地来杭州富春江水电设备有限公司用无人机航拍，让更多人领略基地风采。

　　截至 2020 年年底，来科普教育基地参观学习者已达 3 万多人。

"金灰领"

在职场，人们已习惯用"领子"的颜色来划分不同的人群，从位高权重的董事长、总经理，到出入豪华商务中心的文职人员，直到操作机械的普通工人，领子的色彩也诠释着职业新概念。

金领，是不折不扣的精英，不仅是顶尖的管理高手，而且拥有决定白领命运的权力。灰领一词，起源于美国20世纪六七十年代，最初是那些身着灰色制服、操作机床、维修电器、安装设备的技术工人，介于白领和蓝领之间。所以，灰领，一般指具有较高的知识层次、较强的创新能力、掌握熟练技能的人才。

吴玉泉，知识结构、公关能力、团队协调能力、管理经营能力、社会关系资源等综合素质胜人一筹，身为董事长的他，属金领。可是，他全然没有老板的架子，穿上蓝色的工作服，修理机器，看上去是个普通的技术工人。他说，那些外在的东西，他并不在乎，他在乎的是一门心思钻在技术上。正因为如此，吴玉泉被称为"金灰领"。

一、专利与科技成果

商海中，演绎着多少商人和企业兴衰存亡的故事。企业要生存和发展，创新是关键。吴玉泉不得不居安思危，带领他的团队，不断创造新的技术、研制新的产品。

科技成果与专利，虽然都是人类创造的无形资产，但在技术领域、技术成熟度、技术垄断性、技术规模、技术等级等方面，存在着差异。

多年的艰苦奋斗，吴玉泉秉承工匠之心，带领着他的团队，攻坚克难，一路前行，迎来企业高速发展。他创办的杭州富春江水电设备有限公司，终于在中小水电站增效扩容技术的领域里确定了行业中的"江湖地位"。

不是科班出身的吴玉泉，已拥有 5 项国家发明专利、7 项国家实用新型专利，以及一批浙江省科学成果。成为浙江省省级民营科技开发机构和科技型中小企业。

2500～15000 千瓦的水轮发电机增容改造技术，是他们自主开发的科技成果。定转子线圈采用 F 级的新型绝缘材料，增加定子线圈导体截面积 30% 以

2010 年 11 月，吴玉泉的《中小型水轮发电机的增容改造技术》获得发明专利

上，转子线圈增加 10% 绕线匝数，达到了提高发电机出力的要求。2004 年 12 月获浙江省科技厅科学技术成果鉴定证书。

"低电压水轮发电机增容改造技术开发和应用"项目，2007 年 11 月 15 日被杭州市科技局认定为科技成果项目。"利用增容技术改造的水轮发电机"项目，2008 年 6 月被浙江省科技厅认定为高新技术产品。

2009 年 11 月 11 日，"面向农村小水电降压增容技术服务中小企业公共技术服务"的创新项目，被科技部科技型中小企业技术创新基金管理中心作为创新基金立项。

"中小型水轮发电机的增容改造技术"项目，被评为富阳市科技进步奖三等奖。同时，获 2011 年杭州市科技进步奖，并登记为浙江省科学技术成果。

吴玉泉领衔研发的"农村小水电降压扩容改造技术"项目，被水利部科技推广中心认定为水利先进实用技术，列入《2013 年度水利先进实用技术重点推广指导目录》。

在这个基础上，吴玉泉他们将发电机降压扩容改造技术融合到水轮发电机的增容改造中去。"小型水轮发电机降压增容改造技术"的创新，可以在定转子主要部件基本保留的情况下，对原有定转子线圈进行技术升级，降低其出线电压，增加发电机容量和效率，提高发电机的绝缘等级，在省内外试用中已有多处成功案例。

老电站或濒临废弃的水电站，经过改造，发电机的出线电压，由原来的 6300 伏降低到 400 伏，发电机容量增加 10% ～ 30%，定转子绝缘等级由 B 级提高到 F 级。消除了水电站发电设备的安全隐患，提高了水电站的效益。技术改造增容后，各项电气性能及温升指标均符合 GB/T 7894—2009《水轮发电机基本技术条件》的要求。这一项目获科技部创新基金。被浙江省水利科技推广与发展中心认定为先进实用技术，列入省水利科技推广项目库。

"三相交流异步电动机的升压改造方法""中小型水轮发电机的增容改造技术""电动机定子拆线用的感应加热器""水轮机轴承挡位磨损修复工艺""定子线圈端部防潮工艺"等，获得国家专利。

国家专利，又叫国家发明专利，是指我国专利法规定可以获得专利保护的发明创造。

"发电机转子磁极线圈与铁芯之间的绝缘层改进结构""通过降压增容改造的发电机组""定子部件的磁性槽楔改进结构""自动刹线机""单速改多速电动机""定子线圈端部防潮结构""电动机定子拆线感应加热器""小型水轮发电机组的制动装置""老水轮发电机的励磁改进装置""转子极靴加工定位工装""转子运输定位支架结构""防甩油型推力头结构""脚蹬锻炼式发电机""定位销子的专用拔起工具""水轮发电机镜板滚压装置""加工斜楔夹具""加工螺栓专用夹具"等技术，获国家实用新型专利。

实用新型专利，又称小发明或小专利，是专利权的客体，是专利法保护的对象，是指依法应授予专利权的实用新型技术。实用新型，通常是指对产品的形状、构造或者其结合所提出的适于实用的新的技术方案。

2019年5月，在湖北省兴山县，

2008年2月，吴玉泉的《发电机转子磁极线圈与铁芯之间的绝缘层改进结构》获得实用新型专利

吴玉泉参加国际小水电联合会国内会员大会核心会员暨基地主任年度工作会议。会上，吴玉泉被聘任为国际小水电专家，聘期 5 年。

吴玉泉坚持以科技创新为引擎，紧紧抓住这个"牛鼻子"，狠抓新技术的开发和运用，取得累累硕果，带动企业跨越式发展。

二、荣誉称号

命运之神，光顾过每一个人，只是有人发觉并把握住了，而更多的人，则在幻想和沉睡里错过那宝贵的时刻。有人说，机遇面前人人平等，但是，机遇总是只给那些有准备、积极进取的人带来好运。吴玉泉，是这个把握机遇的人。

1990 年 10 月 10 日，吴玉泉加入中国共产党。那时，民联村属富阳镇江丰办事处。他曾在民联村担任两届村党支部委员，还多次被东洲街道评为党员积极分子。

在平凡的工作中，吴玉泉做出了不平凡的业绩，得到了应得的荣誉。一个个奖项，既是耀眼的光环，也印证了他奋斗的足迹。

设备管理，是以设备为研究对象，追求设备综合效率，应用一系列理论、方法，通过技术、经济、组织措施，对设备的物质运动和价值运动进行全过程的科学型管理。吴玉泉由于对设备管理有所建树，2008 年 12 月，被浙江省设备管理协会评为第十一届先进个人。

被称为"金灰领""金蓝领"技师的他，赢得了大家的认可和尊重。2007 年 11 月，吴玉泉被评为"杭州市首席技师"。

吴玉泉获杭州市首席技师称号（2007年）

首席技师，是指职工队伍中具有高超技能水平、良好职业道德、丰富实践经验，在本行业或领域中技术水平拔尖、业绩贡献突出、影响带动作用较大、得到业内认可的高技能人才。

这是杭州市劳动和社会保障局、市总工会在全市数十万技术工人队伍中，经过层层筛选评选出来的。他们，凭一技之长，在不起眼的岗位上，默默奉献，创造出一个又一个的奇迹。

这一届，全杭州市只有20人。2007年12月28日至2008年1月2日，杭州市劳动和社会保障局组织吴玉泉等杭州市首席技师，赴广州、深圳进行考察活动，开阔他们的眼界。

4年后的2011年11月，浙江省人力资源和社会保障厅、省经济和信息化委员会、省财政厅、省人民政府国有资产监督管理委员会、省总工会等单位联合公布第一届"浙江省首席技师"50人名单，吴玉泉榜上有名。在2012年1月9日的表彰大会上，吴玉泉他们

吴玉泉被授予浙江省首席技师荣誉称号（2011年）

受到浙江省委书记和省长的接见，并合影留念。

为了对经济社会发展做出特殊贡献的高技能人才进行奖励，浙江省人民政府设定"钱江技能大奖"，这是对技术人才的

最高奖项。每两年评选一次，每次名额不超过10人，真可谓凤毛麟角。

2013年12月，吴玉泉成为第二届浙江省"钱江技能大奖"获得者，并得到省政府颁发的10万元重奖。这是富阳第一位获此荣誉的技术能手。

吴玉泉获"钱江技能大奖"荣誉称号（2013年）

2014年1月，浙江省总工会授予吴玉泉"五一劳动奖章"。这是省总工会授予在社会主义建设中做出突出贡献的劳动者的光荣称号，是浙江工人阶级最高奖项之一。是年，他获得杭州市劳动模范称号。

2015年3月13日下午，由富阳日报社主办、东方茂购物中心协办的"东方茂"第十届富阳十大百姓新闻人物颁奖典礼，在开元名都大酒店举行，吴玉泉入选。

吴玉泉被授予浙江省五一劳动奖章（2014年）

坚持10年的富阳十大百姓新闻人物评选活动，已经深入人心，成为一项具有一定知名度、美誉度的城市品牌活动。评选出的新闻人物，用实际行动践行着社会主义核心价值观，体现着平凡中的非凡。他们发挥典型引领的作用，主动担当有为，言传身教，带动更多的身边人崇尚美、追求美、传承美、实践美。

主持人献给吴玉泉的颁奖词是："兢兢业业的维修技师，敢于创新的技术人才。无须豪言壮语，无须丰功伟绩，一枚枚奖章，闪烁着勤奋与执着的光华。一勤天下无难事，唯有劳动，梦想方可成为现实。"

教授级高级工程师，是中国专业技术职称工程类中的高级职称，也是工程师任职资格职称里的最高职称。2015 年 4 月 13 日，浙江省经济和信息化委员会、人力资源和社会保障厅联合发文，经2014 年度省教授级高级工程师资格评审委员会评审通过，吴玉泉具有教授级高级工程师资格。

吴玉泉获水利部大禹杯二等奖（2015 年）

2015 年 10 月 26 日，大禹水利科学技术奖在北京举行的中国水利学会学术年会上颁发。杭州富春江水电设备有限公司吴玉泉等人获奖，他们研究的"农村水电效率分析与增效关键技术研究与示范"成果，获得二等奖。

1999 年，国务院颁布了国家科学技术奖励条例，对国家科技奖励制度进行了重大改革，其中，取消了政府设置的部级科技进步奖。面对新的形势，为了在水利行业内继续发挥科技奖励的激励和导向作用，鼓励科技创新，促进水利科技进步和水利事业的发展，根据科技部《社会力量设立科技奖管理办法》的规定，中国水利学会申请设立的"大禹水利科学技术奖"，得到科技部的批准，这标志着水利行业有了范围宽广、特色明显的新的行业科技奖，是水利系统国家级最高奖项。该奖项的主奖项目，是建设管理单位在设计、施工、监理等方面做出重大贡献的个人。

根据《中华技能大奖和全国技术能手评选表彰管理办法》有关规定，经各省（区、市）人力资源社会保障部门和有关部门、行业协会推荐，并经专家评审，2016 年 11 月 29 日，吴玉泉被中华人民共和国人力资源和社会保障部授予第十三届"全国技术能手"荣誉称号。

吴玉泉被授予"全国技术能手"荣誉称号
（2016 年）

全国技术能手是我国设立的优秀技术工人荣誉称号，是国家技术人才评选表彰制度的重要组成部分。第十三届获得这一称号的，全国只有 299 人。2017 年 1 月 12 日，浙江省工商业联合会副主席特地来到杭州富春江水电设备有限公司，为吴玉泉颁发荣誉证书、佩戴绶带。

2017 年 1 月 12 日，浙江省工商联副主席为"全国技术能手"吴玉泉颁发荣誉证书

2017 年 4 月 11 日，杭州市人民政府办公厅下文，吴玉泉为 2016 年度享受市政府特殊津贴人员。这是杭州市对高层次专业技术人才、高技能人才和农村实用人才的一项激励制度。

2017 年 4 月，经过历时 10 个多月的层层推荐、评审、认定，来自杭州市各行各业、具有代表性的首届"杭州工匠"脱颖而出，甘做技术蓝领的水轮发电机组改造技师吴玉泉，亦在其中。

这 30 名"杭州工匠"，或具有他人不可替代的绝技绝活，或在杭州特色、传统工艺等领域刻苦钻研技术，或在技术上有重大创造或革新，得到国内领先的成果，或职业技能在同行业中处于拔尖水平。

2017 年 4 月 25 日晚，杭州电视台 1000 平方米的一号演播大厅内，光影交错，热闹非凡。"'中国梦·劳动美'杭州工匠为你喝彩"，首届"杭州工匠"认定发布会在这里举行。

奖杯的主体为汉字"斤"，如果从上俯视，"斤"字与奖杯底座的边框合为一体，恰好构成一个完整的"匠"字。"斤"是象形字，斧头的意思，是工具。底座是根基，是心态，是数十年的浸润研磨。匠之为匠，没有捷径，唯有在岁月长河中，对手艺的精益求精，方得以登堂入室。奖杯底部，用弧线描绘出一个断桥的轮廓，寓意着明山秀水的杭州，孕育出来的工匠精神和大匠作风。金黄色的"杭州工匠"奖杯，由金属铸模，铝表面经喷砂和阳极氧化处理制成，握在手里，七八斤的重量，沉甸甸的。吴玉泉掂量着这不轻的分量，把它高高地举过头顶。

2017 年 4 月 26 日下午，浙江省总工会召开新闻发布会，通报了有关 100 名"浙江工匠"的评选情况。自 3 月 13 日开始，截至 3 月 22 日报名结束，全省共收到 1137 条个人申报信息。400 多名申请人通过初审，277 名通过复审，专家小组评审出 134 名候选人，最终由"浙江工匠"评审领导小组评审确定，100 名候选人作为建议名单，进入公示程序。经过最终审核，100 名浙江工匠名单正式敲定，吴玉泉被认定为"浙江工匠"。

　　4月28日下午，浙江省庆祝"五一"国际劳动节暨表彰劳模先进大会在省人民大会堂举行，百名浙江工匠受到表彰，颁发证书、奖牌。

　　2017年4月27日，富阳区纪念"五一"国际劳动节第127周年暨首届"富阳工匠"认定发布会，在杭州科技职业技术学院大剧场举行。会上，区领导为吴玉泉等10位首届"富阳工匠"颁发奖杯和荣誉证书。杭州科技职业技术学院当场聘请他们为"行知技能大师"。

　　短短的4天时间，吴玉泉先后被认定为区、市、省的三级工匠。吴玉泉的匠心语录是："新的技艺，带来新的挑战，没有最好的，只有更好的。"

　　5月3日下午，杭州市人大常委会副主任、市总工会主席郑荣胜，市总工会党组书记、常务副主席吴仁财，市总工会党组副书记、副主席翁正营，市总工会副主席龚勤芳等特地到杭

2017年5月3日，杭州市人大常委会副主任、市总工会主席郑荣胜到吴玉泉技能大师工作室调研

州富春江水电设备有限公司看望工匠吴玉泉。

　　2019年4月23日上午，吴玉泉参加了"杭州市劳模工匠协会第一次会员代表大会"，并担任协会理事，这是全国首个市级及以上劳模工匠协会。

　　自2019年起，杭州市每年的9月26日为"工匠日"，在全国

尚无先例。这是 2019 年 4 月 3 日经杭州市第十三届人民代表大会常务委员会第十八次会议审议决定的，作为尊重工匠、关爱工匠、学习工匠、弘扬工匠精神的重要载体。之所以设在这个日子，因为 1937 年 9 月 26 日，钱塘江大桥建成通车，该桥是中国自行设计、建造的第一座双层铁路、公路两用桥。至今，它依然是巍然屹立在钱塘江上的标志性建筑，被网民赞誉为"桥坚强"。它不仅是跨时代的杰作，更是工匠精神的结晶。设立"工匠日"，正是为了充分体现工匠精神的时代性、历史性、民族性、传承性，既是对杭州历史上工匠精神的致敬，更是对杭州"世代匠心"传承的激励。工匠吴玉泉，有了自己特定的节日。

吴玉泉的"技"德和品德，得到了社会的肯定，还获得"富阳市科技工作先进个人""十佳优秀人才""十佳优秀发明人""杰出人才"，以及"富阳区老科技工作者协会先进个人"等荣誉称号。

一排排的镜框，一座座的奖杯，都是吴玉泉一次次辉煌的纪录，也是他一个个奋斗的足迹。

古人云：春风得意马蹄疾。这时的吴玉泉，确实成了生活在春风里的幸运儿。但是，梅花香自苦寒来，宝剑锋从磨砺出。没有苦寒、没有磨砺、没有努力，他能扯起顺风的征帆、驾驭顺水的航船吗？

三、技能大师工作室

"单丝难成线，独木不是林"，"工匠精神"并非"一技独秀"，还需要有团队精神。

技能大师工作室，由具有绝招绝技的师傅领办，且都以他们的名字命名，是所在行业的带头人，也是一个开展技术攻关创新、高技能人才培养的平台。

带头人通过这个平台，发挥自己的长处，培养徒弟、传授绝技。企业也凭借这个平台，解决生产技术难题，开展新技术的应用试点和推广活动。

杭州市自 2012 年启动技能大师工作室建设以来，坚持以先进装备制造业、战略新兴产业、高新技术产业和传统优势产业为重点，以科技和技能含量较高的大中型企业为依托，由具有绝技绝活的技能大师领衔。

根据杭州市人力资源和社会保障局、杭州市财政局《关于建立杭州市技能大师工作室的通知》精神，经单位申报、各地（部门）推荐、专家评估，2013 年 5 月 10 日，杭州市有关部门来到杭州富春江水电设备有限公司，对吴玉泉维修电工技能大师工作室进行审核。

7 月 16 日，经评审认定及公示，杭州市人力资源和社会保障局公布，杭州市第二批 15 个技能大师工作室名单产生，吴玉泉技能大师工作室名列其中。

9 月 17 日，吴玉泉来到萧山，在杭州前进齿轮箱集团有限公司参加杭州市技能大师工作室建设工作经验交流会暨第二

2018 年 8 月 3 日，吴玉泉技能大师工作室成员研究互动设备的试制

批技能大师工作室授牌仪式。

吴玉泉技能大师工作室设立在杭州富春江水电设备有限公司内。50平方米的办公场所，配备电脑、打印机等。实训场所1000平方米，提供数控重型立式车床、重型卧式车床、定子成型线圈制作成套设备、转子铜排扁绕机、大型真空压力浸漆设备、50吨行车、500吨四柱压床等各种设备92台（套），以及全封闭无尘定子线圈制作车间、大型热循环烘房、动平衡校验台等场所。这些设备及场所为实训提供必要的物质基础。吴玉泉技能大师工作室的职责是：定期开展技术讲座、技术演示；带教徒弟；参与公司内各类技术攻关、试制等项目的研讨；指导员工技术改造、新产品参加上级举办的各类比赛活动；受聘校院技术指导老师；等等。

起初，工作室团队只有8名成员，其中，浙江省首席技师1人、高级技师1人、技师6人。随着团队的发展，人员也在不断地变化、不断地增加。

2013年12月20日，浙江省人力资源和社会保障厅领导，在富阳市人力资源和社会保障局负责人的陪同下，来到杭州富春江水电设备有限公司，对照技能大师工作室的建设情况进行了认真检查，吴玉泉做了详细汇报。

20多天后的2014年1月10日，恰逢新年伊始，浙江省优秀高技能人才暨企业岗位大练兵、技能大比武活动表彰大会在省人民大会堂召开。会上，认定吴玉泉等59人为省技能大师工作室领衔人。

2018年12月26日，杭州市技能大师工作室建设工作座谈会在杭州中国茶叶博物馆举行。会上，对1家国家级、4家省级技能大师工作室进行了授牌仪式。吴玉泉工作室被评定为国家级技能大师工作室。多家新闻媒体以《杭州再添一个国家级技能大师工作室》为题，作了详细报道。

国家级技能大师工作室牌子（2018年）

是年，吴玉泉的儿子吴向荣，被认定为富阳区级吴向荣维修电工技能大师工作室领衔人。同年11月12日，杭州市人力资源和社会保障局，公布市级技能大师工作室，吴向荣的工作室榜上有名。吴玉泉、吴向荣父子均为技能大师工作室的领衔人。

"吴玉泉技能大师工作室""吴向荣技能大师工作室"的成立，父子俩开始发挥自己的特长和优势，传经送宝，解疑释惑，使工作室成为同事们攻坚克难的阵地、交流互动的平台、增长才干的课堂。

他们还向学校拓展，富阳学院、富阳技工学校、浙江水利水电学院、浙江同济职业技术学院、杭州轻工技师学院、杭州科技职业技术学院、富春街道第四小学等，也纷纷设立吴玉泉技能大师工作室。

2019年1月24日下午，富阳学院吴玉泉技能大师工作室仪器设备交接仪式在杭州富春江水电设备有限公司举行。学院彭哲敏院长将2台投影机、4台电脑、4台空调等仪器设备交予吴玉泉技能大师工作室，作教学用。

自校企合作后，富阳学院以名师、名专业、名校而获取"三名工程"，得到上级部门的重视，浙江省教育厅特为学院"吴玉泉技能大师工作室"授牌。

吴玉泉技能大师工作室的主要成员为吴玉泉、吴向荣、吴建平、汪凯、李平、周海成、徐伟强、覃会植等。杭州轻工技师学院周功扬、胡建华老师，富阳学院毛志勇、马志铭、汪志群、吕明华老师，也成为他们工作室的成员。

工作室成员经常性地进行技术攻关活动，如岩石岭二级电站发电机转子磁极线圈匝间短路现象；江西井冈冲电站发电机转子磁极线圈端部"老虎嘴"缺陷；山东跋山水库电站高压发电机转子无线测温显示；安徽黄山湖边电站转轮开裂补焊；越南北强水轮发电机定子机座和转子支架焊接。除此之外，还有发电机转子大轴热套技术，两极电动机动平衡校验，突发故障电机温度偏高，轴瓦温度升高报警，发电机定子、转子线圈接头焊接，电机耐压试验及绝缘电阻测量，等等，都是经技能大师工作室成员讨论研究后，成功攻克技术难关的。

每当新员工进公司，技能大师工作室成员便对他们进行技能、设备操作的培训。

2019年3月28日，在杭州前进齿轮箱集团有限公司举办省技能大师工作室交流会。浙江省人力资源和社会保障厅、杭州市人力资源和社会保障局领导出席。吴玉泉受邀参加，会上还做了交流发言。

吴玉泉入选杭州工匠学院第一批"工匠名录"，同时被聘为教授。山东省日照市总工会聘请他为日照工匠学院工创导师。富阳学院（富阳区职业高级中学）聘请他为"劳模·工匠"导师。

吴玉泉还和赵水林钳工、吴国林装配钳工、叶金龙电缆检测工、葛小青电焊工、吴建国维修电工、董礼涛铣工、何少华核电工程技师、周国华皇家金瓷大师等国家、省市、地市、县市级的技能大师工作室领衔大师，经常性地进行交流，取长补短，互相学习。

一直以来单兵作战的高技能领军人才，自成立工作室后，便成为技艺技能传播团队，工作室犹如播种机，为企业培养和输送了一批批新的高技能人才。

政协委员

　　政协委员，不仅是一种身份，更是一份使命和责任。作为政协委员的吴玉泉，在任职期间，利用政协平台集思广益，共谋良策，精于发声。任职前后，他积极参加社会公益活动，把助人为乐当作自己人生重要的一部分。

　　5年的履职，在他的人生道路上留下了参政议政、建言献策的宝贵轨迹。虽然他不再继续担任下一届政协委员，但他仍然关注社会发展，尽己所能推动社会进步。真是一届政协委员，一生政协情缘。

一、为百姓发声

2007 年的初春，吴玉泉当选为富阳市第七届政协委员，开启了他 5 年履职的新征程。

对于这份荣誉，他十分珍惜，自觉地履行一名政协委员的职责，联系群众，发挥好在本行业中的带头作用。

1 月 31 日，中国人民政治协商会议富阳市第七届委员会第一次会议在富阳影剧院隆重开幕。连续一个多星期的晴朗天气，加快了春姑娘的步伐，大地开始复苏，富春江边的杨柳枝头浮出了淡淡的绿烟。新春伊始，万象更新。

新当选政协委员的吴玉泉，怀着兴奋的心情，迈着矫健的步伐，信心满怀地步入会场。从当选之日起，他就时刻提醒自己，这不仅仅是荣誉，更是肩负着为群众排忧解难的重要责任。参政议政，为富阳的经济建设、为富阳的发展献计献力，提出自己的建议。每年大会前夕，他都深入基层，调查研究，分析问题，认真撰写提案。

常年的农村生活，创业后又经常与农民打交道，吴玉泉注意到一个比较突出的现象，即农村贫困户的用电问题。为了写好提案、掌握第一手资料，他不辞辛劳，深入农村，到东洲、高桥等乡镇（街道）的 20 多个村调查。发现农村的住房，还有不少是 20 世纪五六十年代，甚至是中华人民共和国成立前建造的木结构砖瓦房，居住这种房屋的，大多数是困难家庭，甚至是老年人或残疾人。

他们家里的电线大部分还是20世纪70年代的，已使用三四十年，加上那时的电线都是橡胶线，外面用纱包的，岁月的侵袭，外层老化脱落，橡胶开裂。电线拼接的多，接头松动。这些安全隐患，像一颗炸弹，不知什么时候会爆炸。家庭经济本来就拮据，对房屋的修理也只能头痛医头、脚痛医脚，非到万不得已才小修小补，抱着过一天算一天的心态，将就着过日子。他们往往又是不懂用电知识、行动缓慢的老人。可是，灾害不会因为他们的贫困、他们的年老而绕道避开，一旦发生火灾，连逃生都是问题。

在高桥镇勤丰村老苏家，吴玉泉指着那些因老化而塑胶开裂的电线说："这种'赤膊'电线，老鼠爬过都会闪出火星，还有那些插头，破裂后用胶布包着，插到插座时，手都要麻一下，真的非常危险。"

51岁的老苏，夫妻俩身体都不好，两个女儿尚小，他们家被列入低保对象。面对已经严重老化的电线，老苏虽然知道这是非常危险的，可哪有闲钱去调换电线呢。

据有关部门统计，富阳全市发生火灾，2004年81户，2005年54户，2006年66户，经过分析，发现这些家庭发生火灾，大多是因室内线路老化等原因造成的。吴玉泉深有体会，失火是农村的重灾，贼偷一半，水火全无。一场火灾，足可使一户殷实之家顷刻间变为赤贫，更何况那些本来就不宽裕的低保困难户呢。他们家里一旦发生火灾，便是雪上加霜，陷入绝境。

吴玉泉还了解到，因为火灾不算自然灾害，上级部门下拨的救济款中没有火灾救济的项目。富阳市尽管自己出台了困难家庭火灾救助办法，能给予一定的补助，但对遭受火灾的家庭来说，也只是杯水车薪。火灾带给他们的贫苦日子，会持续多年，甚至伴随终生。

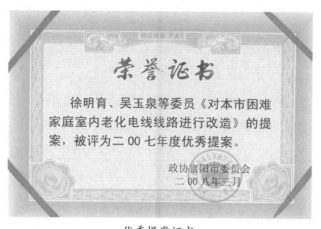

优秀提案证书

最好的办法，就是政府出资，帮助那些困难家庭更换已经老化的电线，杜绝因电线老化而造成的火灾，防患于未然。给他们更换室内线路，已经迫在眉睫。吴玉泉"对本市困难家庭室内老化电线线路进行改造"的提案，内容和民政局副局长徐明育的不谋而合。2008年3月，该提案被政协富阳市委员会评为二〇〇七年度优秀提案。

富阳市政协提案委员会主任陆桂云说，在每年几百件的提案中，这件分量沉甸甸的提案，引起了市政协领导的高度重视，将该提案的承办摆到了重要位置，并进行实地调研和跟踪督查。

富阳市供电局在接办提案后，开展全面调查。在富阳全市4500多户低保户和困难户中，像老苏家那样室内电线老化严重的就有943户，其中，木结构的有868户。按每户改造费用500元计算，约需50万元。在市政协的联系指导下，市供电局、民政局、残疾人联合会三家联手，共同承担费用，正式启动低保（困难）户室内线路改造暨市供电局"优质服务月"活动，作为提案人的吴玉泉，应邀参加了启动大会。

根据制定的实施改造方案，在富阳市供电局的牵头下，下属各乡镇（街道）营业所立即行动起来。新安装的电线采用PVC管绝缘，保证用电安全。

政协富阳市委员会对优秀提案进行颁奖，前排右二为吴玉泉（2008 年）

一家家低保（困难）户室内老化的线路得到了改造，一篇篇发自内心的赞扬通过媒体传颂。一个声音，这么快就解决了贫困户的后顾之忧，这让吴玉泉又意外又惊喜，他心里那份高兴劲儿，真是无法用语言来形容。

在七届政协的 5 年期间，吴玉泉关注民生、服务群众，展现政协委员的风采。参与了多次社会调查和考察，拓宽了视野，写出了"加强农村自来水工程的建设和管理""对城区敞开式小区增加安全设施建设的建议""关于解决城区停车难的几点建议""建议开展农村卫生教育"等 13 个关注民生、服务民生的提案，得到相关部门的重视和落实。

履行政协委员职责所带来的责任感、荣誉感，让吴玉泉感到自己从事的职业得到了延伸，他的人生价值舞台更加广阔。

人事有代谢，往来成古今。因为年龄的原因，吴玉泉不再担任新一届市政协委员。5 年的政协委员生涯让他深深地感觉到，人民政协是一个团结民主的大家庭，一个言路广、空间大、氛围和、态度善的统一战线。

在以后的工作过程中，他继续秉持和弘扬政协的优良传统，不忘初心，牢记使命，一如既往地为富阳经济社会的发展贡献自己的力量。

二、公益活动

与吴玉泉打过交道的人都会说，他心地善良，是个好人。正因为他是个好人，公益活动也一直贯穿了他的人生之路。

在他公司会议室的墙壁上，曾经挂满一面面锦旗、一封封表扬信，这些，有的是业务单位赠的，有的则是接受过他帮助的人送的。

这些锦旗、这些表扬信，闪烁着他助人为乐的一个个亮点。一个充满爱心的人，就像一盏明灯，既照亮了周围的人，也温暖了自己。送人玫瑰，手留余香。

1999 年的初夏，吴玉泉的工厂还在高桥镇舒姑垟村。那天傍晚，下班后，他开着车，行驶在回富阳城区家里的路上。在 320 国道高桥地段，他远远看到，有人骑着摩托车，在路的左边飞快地从高桥往富阳城区逆向而行。

就在这时，不堪设想的一幕出现了。杭州市交通旅游公司的面包车，从千岛湖回杭州，来到高桥的公路上。驾驶员见摩托车迎面而来，眼看就要撞上，连忙向右边回避，一个急刹车，还是撞在路边的石坎上了。剧烈的碰撞，使面包车翻了两个身。

肇事的摩托车驾驶员清楚，自己闯下了大祸，他没有停车抢救伤员，为逃避自己需要承担事故的责任和赔偿，却是加快速度，慌忙逃跑。他自然清楚，在那公路上缺少监控的年代，这一走，哪里还找得到他。

汽车翻滚，车里的人受了伤，从里面传出的是痛苦的呻吟声。瞬间，轻伤者打开车窗，向外面的人求救。可是，一连过了好几辆车，都没有停下来，他们不愿意给自己增添不必要的麻烦。

车内，三四个人受伤，其中金顺山因头部受到撞击，伤势严重，生命垂危。同行的人急了，再不送他去医院抢救，死神就要降临到他身上。就在他们急得不知如何是好时，忽然看到，对面有辆汽车停下来，车门开了，下来一人，走了过来。他，就是吴玉泉。那时，这段路还未分道，中间没有隔离带。

吴玉泉看了看车内，不能再拖了，当机立断地说："马上送富阳人民医院。"

车上的人希望送到杭州的大医院，这样的心情自然能够理解。但是，吴玉泉认为，送到杭州，路途远，红绿灯多，加上这时正是下班的高峰期，会发生公路堵塞现象，何况去杭州的路自己不是很熟悉，会延误时间的。送富阳人民医院，路途近，医生叫得应，可尽快得到抢救。

车上的轻伤者考虑后，觉得这话有道理，吴玉泉和他们一起把金顺山抬到自己的车上，直接送他们到富阳人民医院急诊室门口。车一停，吴玉泉走出驾驶室，抬伤员，叫医生，帮助挂号，垫付

衷心感谢你——吴厂长

我是杭州交通客运旅游处的金顺山。今年6月16日从千岛湖返回途中，车至富阳320国道高桥路段不幸发生车祸。当时我头部受到严重创伤，血流如注，眼睛无法睁开，情况相当危急。在这关键时刻，有一辆桑塔纳轿车路过此地，驾驶员二话不说把我送到富阳人民医院抢救，因为我的头部受到严重震荡，呕吐不止，他毫无怨言地给我擦洗拖地直至晚上八点半我家人赶到富阳，他才悄然离去。病愈后，经多方打听才知道我的救命恩人是贵市富春江电机电器修理厂厂长吴玉泉先生。特借贵报一角，对吴先生做了好事不留名的行为深表感谢。

杭州交通客运旅游处 金顺山

《富阳日报》刊登《衷心感谢你——吴厂长》

医疗费用，使他们得到及时治疗。轻伤的几位是外伤，包扎后就没事了，而金顺山进入了抢救室。

因抢救及时，金顺山转危为安，已在挂盐水了。吴玉泉看了看窗外，天已黑了，应该说没有什么大事了，便打算回家。正巧，伤员的家属、杭州市旅游公司的领导，接到电话后赶到了富阳人民医院。吴玉泉向他们做了简单的交代才离去。患者在异地住院，服侍、看望都不方便，第二天，金顺山转到杭州一家医院治疗。

金顺山伤愈后送来一面锦旗，上书"救死扶伤，助人为乐"。同时，邀请吴玉泉一家去杭州做客。

冰冻三尺非一日之寒。对他来说，助人为乐是他本能的反应。还在放电影时，那晚他住宿在三联大队会计阿根家。这夜，阿根的妻子肚子疼，第二天一早，他们送患者去县城治疗。吴玉泉自告奋勇地骑着自行车，飞快地到富阳县人民医院为他们挂急诊号。使得患者一到医院就得到及时医治。

2008年刚进入2月，富阳出现罕见的连续低温降雪天气，一些乡镇积雪深度达32厘米。高桥镇老徐家的屋顶已是厚厚的积雪，再不清除房屋有被压塌的危险。老徐搬来梯子爬了上去。积雪很滑，他不慎坠落，受了重伤。吴玉泉得知后，送去了500元钱。别看数目不大，在那个时候，农村亲戚朋友间的人情往来，一两百元就可以出手了。

对本村或附近张家埭、木桥头等村的困难户，特别是遭受天灾人祸的，吴玉泉总会伸出援助的手，亲自去看望，并送上 500 ~ 1000 元的慰问金。

由于经商，经济上相对比较宽裕，乡亲们有困难，都会想到请他帮助。老徐患胃癌，想借钱，接到电话后，吴玉泉二话没说，就答应 5000 元，在 30 年前，这可不是小数。徐某的妻子痛风，儿子想学厨师，家里没有钱，就向吴玉泉借了 3000 元。也有人跟他借一两千元的。对于借出去的钱，吴玉泉也不会去要。有的，直到 2019 年村里拆迁，家里有钱了才还他，最长的已达 30 多年。

汶川地震、玉树地震，牵动着吴玉泉的心。"一方有难，八方支援"，他连忙召集全公司的员工开会，发动捐款，因为，这是他们唯一能做的事，献出自己的一份爱心，把真情与祝福传递给灾区人民。

经吴玉泉、吴向荣的多方联系，2016 年 10 月 9 日，杭州市科学技术协会"科普农村行"10 多位医生，来到民联村，为村民免费看病治病。这些医生来自心血管内科、呼吸内科、耳鼻喉科、骨伤科、妇科、儿科等。在家门口能得到省城专家医生治疗的消息很快传开，村民们纷纷来到村养老服务中心等候，因为他们清楚，就算去杭州的医院，也不知能否挂上这些医生的号。这

2016 年 10 月 9 日，杭州富春江水电设备有限公司邀请杭州市各大医院专家医生为东洲街道民联村村民免费看病

次活动，为近百位村民提供了义诊服务。

吴玉泉还特意购买健身器材，送给村老年会，让老人们锻炼身体。在担任村党支部委员期间，连续 3 年，吴玉泉自己掏钱，为村里的 10 多位退休的老干部订阅《富阳日报》。

2016 年 11 月 9 日，吴玉泉派人来到富春街道农村五保供养服务中心。这里住着 70 多位老年人。他们缺乏电器使用常识，电器损坏，隐藏的就是危险。经过检查，做出改造方案。于 2017 年 1 月 3 日，吴玉泉、吴向荣带领公司技术人员，修复吊扇 30 多台，有的吊扇已无法修理，便买了 13 台乘风牌新电扇重新装上。五保养老服务中心的电器，吴玉泉挂在了心上，两年后的 2019 年 4 月 19 日上午，吴玉泉又组织公司技术人员，自带登高梯、维修工具，以及家电配件，对各楼层 30 多个房间的电器设备进行了全面检查。修理电扇 25 个、空调 10 台、感烟器 18 只。还耐心地辅导老人们如何正确使用空调开关。吴玉泉还组织人员到民联村活动中心等地为村民们修理电器。

2017 年 1 月 3 日，吴玉泉带领公司技术人员为富春街道敬老院修理电器

2020 年 2 月，在抗击新型冠状病毒肺炎疫情中，吴玉泉参加民联村防控值勤

创业成功后的吴玉泉，不忘生养自己的这方水土，惦记着为乡亲们做些什么，怀着感恩的心回报家乡、反哺家乡，赢得了良好的社会口碑，赢得了乡亲们的极大尊敬。同时，也树立了企业回报社会的良好形象。

2019年6月1日，东洲街道举行首届乡贤代表联谊会。50多位乡贤代表，与街道领导，各行政村书记、主任齐聚一堂，共叙乡情，同绘东洲发展蓝图。会上，吴玉泉被推选为乡联谊会副会长。

2020年春节，一场突如其来的疫情防控阻击战在中华大地骤然打响。新冠肺炎疫情肆虐，严重威胁着广大人民群众的生命健康。在这场没有硝烟的战争中，吴玉泉义无反顾地站在抗疫第一线。民联村开始时在15个道口设卡，后改为6个，需要党员值勤，吴玉泉便积极报名参加。从开始到结束，轮流值班。特别是从23时30分到凌晨5时30分的深夜班，他还得从富阳城区的家里赶去。风雨交加，寒气逼人，因火灾受伤的病根，他手上的皮肤裂开，但还是咬紧牙关坚守。看到值班人员的衣服被雨淋湿，担心会受冷而感冒，便送去了6把吹风机。村里用于防疫宣传的喇叭坏了，他就把科普教育基地的喇叭送到村委会。他还买了水果、牛奶等食物，和儿子吴向荣一起，慰问村里各个卡口的值班人员。同时，他向村里捐赠1万元钱，用于防疫工作。

可能吴玉泉没有考虑过，对于一个企业，获得大众的认知便是企业的无形资产，社会效应越好，越能带动企业业绩的飞升。杭州富春江水电设备有限公司的发展也说明了这一点。

凝聚的力量

　　一个企业的发展离不开员工的努力和奉献，当然，员工的成长也离不开企业的关爱。关爱员工，才能提升企业的凝聚力。杭州富春江水电设备有限公司，已形成了"企业关爱员工，员工奉献企业"的良好局面。

　　一个民营企业的生存和成功，也离不开家庭的支持和付出。创业，利益和风险共存。因此，家庭成员，特别是妻子，能否承受风险，也决定着丈夫是否能心无旁鹜地去创业。有位企业家曾经说过：企业的运营和生存都非常不易，一个企业的发展，想必和它背后的力量有着莫大的关系，任何成功企业的背后，都有家庭这个坚强的后盾。是的，有了家的力量，才能梦想成真，这也是成功的关键所在。

一、关爱员工

吴玉泉认识到，员工是企业的宝贵财富，是企业实现可持续发展的重要贡献力量。员工获得管理者的关爱，无论是精神上还是物质上，都会使员工在心灵上得到慰藉、感受到温暖。这种关爱的力量，能使他们激扬斗志，努力奋斗。

因此，杭州富春江水电设备有限公司坚持"关爱员工就是关心企业"的发展思维、理念，一手抓企业高质量的发展，一手通过各种路径和形式，将企业高质量发展成果惠及员工，形成良性循环，有效促进企业效益持续强劲攀升。

有的企业，外地员工的住宿由他们自己想办法解决。这不但不利于企业对员工的管理，也给员工带来非常大的麻烦。吴玉泉也看到了这一点，便在公司设立员工宿舍。

2006年10月，杭州富春江水电设备有限公司对20间员工宿舍进行装修，铺好地板，装上吊扇和分体式空调，每间房配置一桌一椅。按房间计算，每月减免10度电的电费。另外增设6间，作为技术人员单间用房，并有配套洗手间。

2008年3月27日，浙江省总工会来富阳调查企业职工生活福利情况。杭州富春江水电设备有限公司也是其中一家，检查后，省总工会调查组感到非常满意，并给予高度评价。

因厂区在半山腰，自来水压力严重不足，平时用水就非常困难，一到夏天，更是经常性地停水，给企业的生产和员工的生活带来极大的不便。这么多人要用水，常到山下去挑运，也不现实，只有采取自己打井的办法。处在山坡的位置，这井自然要深，直到60多米才有水源，花费3万多元。水有了，可水质是否达标，吴玉泉放心不下。考虑到全厂员工的用水安全，他特地从井中打上来的水管中接了一桶水，亲自送到富阳市疾病预防控制中心进行检测。当检测报告出来，显示水质指标正常可以饮用时，他才放下心来。

公司基本上是一班制，傍晚下班后员工都回家了，因此，食堂不供应晚餐。这样一来，对于临时加班的员工，晚餐就成了问题。吴玉泉还特地为这件事召开会议，参加的人员中，有管理人员，也有员工代表和炊事员。经过讨论最后决定，除了供应好中午用餐，为加班人员准备的晚餐必须新鲜烧煮。

每年夏天，公司还为员工发放西瓜、绿豆汤、棒冰等清凉解暑食品。

厂区外下坡转弯路段，因附近厂家载重汽车频繁往来，造成路面坑坑洼洼，给行走带来不便。2015年12月23日下午3时，炊事员程仙娣骑车回家。在下坡转弯时，泥沙、小石子使她的自行车轮胎打滑，因而自行车翻倒，她也随之跌倒在地，右手摔断，公司派车把她送到富阳中医骨伤科医院治疗。事后，吴玉泉带领杨承裕等6位员工，拿着铁铲、扫帚，对进出公司的路面进行清理，还把那段路的凹坑垫平，并在路边挂牌警示，以及在

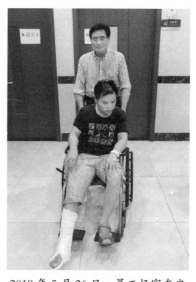

2019年5月26日，员工杨富在安装调试时右脚受伤，吴玉泉到医院看望时推他做B超、心电图等

员工大会上强调，下坡路上，电瓶车、自行车需下车推行。

因工受伤的员工，公司会尽快将其送医院治疗。员工杨富在安装水轮发电机组时不小心脚受了伤，吴玉泉得知情况后，立即派人把他送到江南医院治疗，并亲自去医院看望。正巧，杨富刚要去做检查，吴玉泉二话没说，便推起轮椅，送他去做了B超、心电图等。

员工家属遇到特殊困难时，公司也给予一定的帮助。员工李平的妻子因患骨髓增生异常综合征，病情严重，到杭州浙江大学附属第一医院治疗。妻子身患重病，使李平一家陷入困境。一人有难大家帮，在公司工会的发动下，全体员工进行了捐款，给李平一家送去了温暖。

2018年4月9日，吴玉泉、吴向荣经过多次联系，邀请杭州江宁琴医师来公司为全体员工做中医义诊。历时4天，几乎每位员工进行了病情诊断，有的还做了治疗。

2018年4月9日，杭州医师江宁琴到杭州富春江水电设备有限公司为员工义诊

支持员工参加上级部门的各项技术考核。5位员工赴杭州铁道大厦参加为期6天的中国水利工程管理技术培训中心学习，并通过考核；5名员工得到公司的支持后，参加电力监管组织的特种类（高压试验专业）电工进网许可证培训，时间为一个星期，他们认真学习，经考核全部合格，获得证书；输

送 13 名员工赴浙江省河口研究院进行考前培训，参加中国水利工程协会机械电气类考试，11 人通过考核；17 位员工经过全国防爆电气设备标准化培训，全部考试合格，获得证书。多位员工取得技术职称，其中中级工 20 人、高级工 30 人、技师 8 人、高级技师 5 人、工程师 4 人、高级工程师 1 人、教授级高级工程师 1 人。

推荐员工参加上级举办的各项技术比赛，覃会植在东洲街道举办的焊工技能竞赛中，获三等奖，他还参加了杭州市人力资源和社会保障局举办，在杭州锅炉股份有限公司举行的焊工职业技能竞赛；在东洲街道总工会举办的维修电工技能竞赛中，杭州富春江水电设备有限公司获团体三等奖，汪凯获个人三等奖。

别以为这只是乡镇（街道）级的竞赛，截至 2018 年年底，东洲街道就有工业企业 691 家，其中规模以上工业企业就达 99 家，有多少技术能手在这些企业藏龙卧虎。

组织员工外出旅游，能够舒缓他们脑力、体力及精神上的压力，丰富业余生活。杭州富春江水电设备有限公司先后组织员工赴富阳通天飞瀑景区、千岛湖、横店影视城、乌镇水乡、桐庐瑶琳仙境、杭州野生动物世界、杭州灵山洞、杭州未来世界、安吉天荒坪等风景区旅游。优秀员工还到贵州及浙江省内的丽水、嘉兴等地疗养。平时，员工分散在不同的岗位，缺少沟通，通过旅游活动，使他们有了互相交流的机会，增强了团队意识和凝聚力。

三八妇女节、五四青年节等，公司还会举行乒乓球、投篮、拔河等比赛活动。并派出员工代表参加高桥镇、东洲街道等举办的趣味运动会、爬山等活动。每年春节前后，公司都会举行联欢会，让员工们欢聚一堂。

重大问题经职工代表大会讨论通过。每年新年伊始，召开总

2017 年 4 月 28 日，杭州富春江水电设备有限公司组织员工赴乌镇旅游

结表彰大会，对年度贡献突出的先进个人进行精神和物质的奖励。

关爱员工，激发了员工的积极性、创造性和主人翁的责任感。镗床工杨富脚受伤，本来应该休息，看到公司任务紧急，在脚伤还未痊愈的情况下，顾不得夏天酷热坚持上班，突击完成 6500kW-20 极发电机转子支架的镗孔任务。

关爱员工，形成了企业的凝聚力。杭州富春江水电设备有限公司生产车间，还获得杭州市总工会授予的"工人先锋号"荣誉称号。

劳资关系融洽，增强了员工的劳动热情，也增加了他们的经济收入。公司员工或家属中有轿车的，占比超过 80%。

二、孝敬长辈

唐代诗人孟郊在《游子吟》一诗中写道："谁言寸草心，报得三春晖。"百善孝为先，孝道，是中国的优秀传统文化。孝敬长辈，是我们中华民族一代代传下来的美德，这不但是每个晚辈的应尽义务，也是义不容辞的职责。

吴玉泉从小就懂得孝敬长辈。他的阿太（曾祖母）孔氏，患气管炎，经常咳嗽，一到冬天更加厉害，痰也特别多，家里用一只铝盖子，里面填上毛纸（草纸），给她作吐痰的杯。七八岁的吴玉泉，不时地来到阿太床前，看到杯里有痰，便拿过吐痰杯去屋外的茅厕倒掉。

一家子的家务都归奶奶俞文花，吴玉泉看奶奶辛苦，要烧饭了，便从奶奶手中接过筲箕，一路小跑，到池塘去淘米。炒菜了，就到镬灶口帮助烧火。东洲沙上无山，缺柴，烧饭用的是稻草，塞多了，焖煞不起火，满屋是烟。稻草易燃，塞少了，很快就烧完，需要一小把一小把不停地往镬窟洞里添。

吴玉泉和祖母、父母、妻女合影

奶奶常常顾了灶上顾不了灶下，自从有了这个小帮手就省事多了，可以安心地炒菜做饭。

夏天的农村，夜里蚊子特别多。到了晚上，吴玉泉拿过扇子，给爷爷吴传新和奶奶赶蚊子。爷爷这么大的年纪，还要参加生产队的劳动，看他收工回来那疲倦的样子，吴玉泉给他端来洗脚水，看他洗好脚，便要爷爷坐在椅子上，给爷爷捶捶背、捏捏腿。那时，上了年纪的人，夜里不愿起床，晚上用夜壶（尿瓶）小便。第二天一早，吴玉泉就到爷爷床前，把夜壶拎到茅坑，倒掉尿，再用水清洗干净。

吴玉泉长大了，爷爷老了。老人患有糖尿病，配药成了吴玉泉的事情。吴玉泉能赚钱后，身边有了零用钱，就去买来糕饼等零食，放在老人的床头。

后来，爷爷的眼睛看不见了，吴玉泉得知周浦有位治眼病的医生，就到那里配来眼药水，给老人治眼病。1981年8月，年老体弱疾病缠身的吴传新还是离开了这个世界，享年65岁。

爷爷去世后，奶奶的毛病多起来了。风痛，手举不起来，连梳头也困难重重。吴玉泉打听到杭州有个中医师，有医风痛的专长，便陪着奶奶前去医治。打针灸、吃中药，去了10多趟。开始时有点转好的感觉，到后来就无济于事了，只得另换医生。真是病急乱投医，听说周浦乡有个赤脚医生会治风痛，便去治疗。那时，交通不便利，没有通往那里的公交车，奶奶又吃不消走这么多路，吴玉泉就用自行车带。为了使奶奶能够坐得舒服点，吴玉泉便在28寸自行车后架上竖着缚一根木棍。老人坐稳后，让她一只手捏住棍子，吴玉泉再上车骑行。有时，奶奶连坐自行车也吃不消，就改用独轮车，一边放上小椅子，给奶奶坐，一边装一块大石头，使之平衡。那位医生是用艾灸的，去了几次，也不见效。后来只好用泼尼松（又名强的松），才稳定下来。

道德经说："福兮祸之所伏，祸兮福之所倚。"世间的祸福往往难以预料，人的疾病生命也是一样。很多人平时非常健康，却突然死亡。有的人明明百病缠身，看起来一副病恹恹的样子，偏偏长寿。吴玉泉的奶奶属后者，她60岁时开始接连生病，到92岁去世，那天已是2008年农历三月廿四。

吴玉泉的父亲是入赘的，上面所说的爷爷奶奶，其实是外公外婆。他父亲还有爸爸妈妈、哥哥弟弟，也是吴玉泉的爷爷奶奶、大爷爷小爷爷。对这些长辈，他也尽自己的一份孝心。

奶奶脚烂，到余杭三墩医治，也是吴玉泉陪去的。大爷爷腿上肿瘤，三爷爷给别人挖沙摔倒在船舱后脑受伤，四爷爷股骨坏死，吴玉泉就和堂兄弟们一起，送他们去治疗。爷爷他们去世后，每年春节吴玉泉都去看望奶奶她们。

改革开放后，老人的生活条件大大地改善，但精神生活比较匮乏，吴玉泉尽量满足他们对精神上的需求，老人们喜欢看越剧，不但陪他们到富阳影剧院看戏，甚至还带他们去了杭州。吴玉泉自己也喜欢看越剧，和杭州胜利剧院的售票处有联系。1996 年，得到消息，杭州要公演《红楼梦》《梁山伯与祝英台》《五女拜寿》，便打电话到胜利剧院预订好票子，然后带老人们到高桥厂里，提前吃好晚饭，再开着那辆普通桑塔纳轿车，去杭州。因为轿车位子的局限，只得奶奶、父亲、母亲一批，岳父、岳母一批，带他们去看了三四趟。有多少农村老人能够特地去杭州城里的剧院看戏？老人们不但非常高兴，也感到自豪。

20 世纪 90 年代，吴玉泉的父亲吴金木患了结肠炎，在富阳医治了 10 多天，不见好转，吴玉泉便联系杭州红卫医院，抢救后，血很快止住了。在杭州住院一个星期，出院了。

过了两三年，病情复发，又去杭州红卫医院治疗五六次。回家后，需要长期服用一种进口药，富阳药店没有，经常去杭州医院配药也不方便，吴玉泉便和富阳医药公司商量，请他们采购，就这样，在富阳就能买到这进口药了。

吴金木是个闲不住的老人，年纪大了，还不肯空下来，后来种起了蔬菜，自己吃不完，就到村里的小菜市场出售。吴玉泉曾劝过多次，他就是不肯停下。吴玉泉深知，孝顺孝顺，有顺才是孝，他也只能依顺父亲，在要他注意身体的同时，给他购买一些农具、农药，光是三轮车，就买过 2 辆。

吴玉泉为父亲缴纳养老保险金后，吴金木能够像城里的工人那样领取退休金了。当他领到 1800 多元养老金时，心里好激动啊，作为一位老农民，他是怎么也不会想到能够拿退休金的。

2009 年的一天，吴金木去村里的小菜市场卖蔬菜，突然小中风，跌倒在地。村里人发觉后，马上通知他的家里人。吴玉泉的弟弟吴玉长一边送父亲去医院，一边打电话给哥哥。这时，吴玉泉正在去杭州的路上，已经到凌家桥了。听到这个消息，马上调转车头，直驶富阳人民医院。等他到医院时，吴玉长他们还没有到。吴玉泉联系好医生，吴金木一到，便开始抢救。因医治及时，没有大碍，在医院住了 10 多天后出院。

吴玉泉知道，上了年纪的人喜欢怀旧，这是人进入老年期后一个性格显著变化的特点，他也已从父亲的神色中看出来了。2014 年春末，吴玉泉带着父亲来到了江边的抽水机埠。那个时候，村里的水稻田都得从江中打水，这是吴金木熟悉的农活。老人站在抽水机边，久久不愿离去。他们又来到村粮食加工站，那时，碾米、磨粉，吴金木没有少来。他摸摸这台碾米机，又看看那台电动机，回忆当年的往事。

2017 年 9 月 14 日，吴玉泉陪着 90 岁高龄的父亲，来到杭州富春江水电设备有限公司参观，并体验了各种趣味发电。看到儿子创下的事业，吴金木从心里感到欣慰。

吴金木肺气肿，肝脏衰退，心脏也不大好，到了 2017 年年底，病情加重，送到富阳医院，要他们转院，后到杭州邵逸夫医院住了一个星期，也不见好转，医生让家属准备后事了。吴玉泉和兄弟们商量后，他们回来了。2018 年正月初三，吴金木去世。

吴玉泉的母亲吴梅英，70多岁时经常心头难受，到杭州检查后，装了支架。80岁后，她患了小中风。只要母亲出现病痛，吴玉泉就和弟弟妹妹一起，及时送她到医院治疗。

2019年上半年，吴梅英胃部不舒服，赴多处医院治疗都不见效。到杭州浙二医院检查，发现肠上有瘤。治疗10多天后，回家休养。因住在吴玉泉里浮沙村的老房子里，吴玉泉特地安装了空调，还购买了热水器、冰箱、煤气灶。兄弟姐妹两天一轮地照顾她，到2020年正月，她奇迹般地康复起来，在移动凳的帮助下，还可以到外面走走了。

能够孝敬长辈、有机会孝敬老人，应该是一种幸福。吴玉泉是这样想的，也是这样做的。他认为，每个人都要好好珍惜这种机会，不要等到"子欲养而亲不在"，那样会后悔莫及的。

三、杨美丹助夫创业

杨美丹，杭州富春江水电设备有限公司常务副总经理。

在我国，女人常常被比作月亮，这可能是女人习惯于夫唱妇随的缘故吧，当然，这也是中国妇女的一种美德。很多人都知道，男人成功的背后，一定有位默默付出的女人，不管这位女人在物质上的支持，还是精神上的鼓励，最起码，她给男人解决了很多后顾之忧，能够让男人没有顾虑，在市场上打拼和奋斗。

吴玉泉的妻子杨美丹，1956年农历八月廿八出生，生长于江丰乡民建村。她曾在民建大队小学、民联小学附设初中班读书。初

杨美丹和女儿吴玲玲、儿子吴向荣

中毕业后在生产队务农，学会拔秧、种田、割稻、做草纸等农活。1976年，进东洲公社农机厂，开始时在食堂做炊事员，一年多后转到金工车间，学刨床工，操作牛头刨床。后来，东洲公社调整，杨美丹转江丰农机厂工作，仍为刨床工，还带出好几个徒弟。

1980年，杨美丹与吴玉泉结婚。丈夫在放电影之余，在家中加工电风扇零部件，杨美丹农机厂下班后，也和吴玉泉一起，经营着这个家庭小作坊，很快，学会了电风扇定子嵌线等技术。

创业之初，夫妻俩形成了一种默契，拧成一股绳，艰苦奋斗、发家致富。那时，她好像有使不完的劲儿。她要尽力帮助丈夫做出一番事业来。

家中遭遇火灾，这个刚刚踏上富裕之路的家庭，顿时跌落到万丈深渊。夫妻俩身心遭到摧残，今后的路怎么走？连吴玉泉的朋友都在劝，以后找个吃安稳饭的事做，不要再去冒风险了。但是，当吴玉泉选择重新办厂后，杨美丹坚强地和丈夫一起，面对一无所有的现实，一切重新开始，继续创业，齐心协力闯过了一道又一道的难关。

转塘有漆包线供应，杨美丹兼起了采购员的工作，骑着自行车，过浮沙渡，经周浦，到转塘。买好漆包线，放入袋中，挂在自行车上。那时的路，并不宽阔，也并不平坦，带着七八十斤重的材料，双脚用力地蹬着，下船上船，一路颠簸，回到里浮沙的家里，可不容易啊。这种体力活儿，即使对一个男人来说也并不轻松，更何况是女人呢。杨美丹靠着顽强的毅力，完成一次又一次的采购任务。

1986年，他们在花坞桥头租房，开办电机修理部。吴玉泉要接业务，要外出修理，杨美丹撑起了修理部的门面。接电话、接上门来的业务，凡是能够修理的小毛病，就自己先动手，一般电动机的故障她也能独立维修。

创业之初，吴玉泉从商业城工地东阳建筑队接来的那台潜水泵，嵌线、绕线、接头等工序，杨美丹都参与其中。

除了一起修理电动机，买菜、烧饭、洗衣服、带小孩，一切家务事都归了她。那个时候，他们非常辛苦，因为女儿还在东洲民联小学读书，每天傍晚都要回去，第二天一早再到花坞桥头。直到1990年后，一家人才住到了富阳城区。

在亚林所租厂房期间，杨美丹还兼起送货员的工作，把修好的电动机送到用户单位。到达后，还得和驾驶员一起，用竹杠把笨重的电动机抬到车间。有的车间设在楼上，没有电梯，就是靠人力抬上去的。

有一次，大青水泥厂的电动机修好了，装在农用机动三轮车上，作为送货员的杨美丹坐在车上。当机动三轮车行驶到富阳市第二中学附近的路上时，突然刹车失灵，像一头发疯的公牛，乱冲乱撞，已经到了路边。路下就是坎，这坎，有5米多深，一旦冲下去凶多吉少。杨美丹感觉到恐惧无助，脑子里一片空白。可是，连驾驶员都阻止不住，更何况她呢？机动三轮车还是不知深浅地冲到坎下，翻了身。杨美丹瘫软地坐在地上，还好，总算是有惊无险，她和驾驶员都没有受伤。

那时，她感觉很忙、很累，一天到晚在厂房里，哪有什么 8 小时工作制，哪有什么星期日休息日，这种时间的观念已在她的心目中淡化。

2002 年始，杨美丹除了管理，还兼任出纳，同时，也参与项目开发等工作。

作为民营企业，一人身兼数职，有时，杨美丹还要参加上级部门举办的各种培训，如劳动部门组织的《劳动法》培训、企业管理制度制订的培训等。

因为多年和电机打交道，她掌握了一定的技术，像磁极线圈端部皱褶问题、无刷励磁机的研发、磁轭和主轴热套的质量、电机主轴的外协调质处理、真空压力浸漆设备配置，以及安徽岳西国网公司冷却器机顶改为机底、衢州闹桥水电站水轮发电机增效扩容，等等，她都参与技术攻关了。

随着公司的扩大、人员的增加，杨美丹除了财务管理、生产安排，还兼管 3 辆货车、2 辆轿车的汽车调度。

作为女人，谁不希望丈夫能够经常性地陪伴在身边。但是，出远门成了吴玉泉的家常便饭。有多少次，丈夫又要到很远的地方去了，她还得装出轻松的样子，为的是让他能一心一意地谈好业务，或者修好水轮发电机组。

杨美丹勤俭节约，穿着打扮非常简朴，没有华丽的饰物，更没有高档名牌的服装，吃饭也很简单。她做事低调，默默无闻地干一些极其平凡的事情。每天在公司上班，一年到头几乎没有休息日，下班后的家务也全由她操劳。家里不雇保姆，连清洁卫生也由她自己承担。女儿吴玲玲看她辛苦，2019 年 10 月，特地购买了扫地机器人，以此来减轻一些母亲繁重的家务。

从 20 世纪 80 年代初到现在，夫妻俩卧薪尝胆数十年，丈夫吴玉泉奋战在一线，守候在二线的妻子杨美丹，为了丈夫的事业、为了杭州富春江水电设备有限公司的发展，默默地施展着她的才能和女性的情怀。

杨美丹虽然没有惊天动地的壮举，但她用平凡和朴实叙写了自己。

四、吴玲玲后勤管理

吴玉泉的女儿吴玲玲，1980 年 9 月 11 日出生。她的童年，正是家里艰难的创业初期。

她先后在东洲民联完全小学、富阳实验小学、郁达夫中学、郁达夫中学财会班，学完从小学到高中的课程。1998—2000 年，就读于浙江财经学院。

大学毕业后，她来到父亲创办的公司工作，任助理会计师。当时，杭州富春江水电设备有限公司规模不大，一人需兼多个岗位。文件收发、会议安排、客户接待、工资结算、新员工培训等，公司办公室那一摊子的工作全部落在她一个人身上。除了公司的日常事务，还常常代表公司出席一些有关部门举行的相关会议，还得落实会议布置的各项任务。

同时，她刻苦学习水电设备制造技术，积极参加新产品的研究开发，参与的"中小型水电站水轮发电机增容技术开发及应用"，被杭州市科技局评为"杭州市优秀新产品新技术"二等奖;"中小型水电站水轮发电机增容技术",获得富阳市人民政府颁发的"富阳市科技进步奖"三等奖。

五、吴向荣子承父业

　　随着我国第一代民营企业家渐渐年老,接班人的问题开始凸显。中国的企业老板,不太能够接受职业经理人。子承父业,是目前最常见的交接班方式。年轻一代的"继承者",能否接好父辈手中的接力棒,成为实现民营企业基业长青的关键因素。为了让儿子接好班,吴玉泉悉心培养吴向荣对水电行业的兴趣和专长。

　　吴向荣,1986年8月19日出生。先后在富春街道第三小学、永兴中学、场口中学读书,完成高小、初中、高中学业。后来,考入浙江交通职业技术学院就读。工作后,参加南京河海大学水利水电工程系函授学习。2012年7月,获得大学本科学历。

　　吴向荣虽然不需要像父亲那样勤工俭学,但从初中开始,节假日,特别是在寒暑假,他便在父亲创办的公司参加一些力所能及的劳动,如拆修排风

最可贵是后继有人(徐迅雷　摄)

扇、电动机等，什么杂活都干，从中了解它们的结构、性能。其实，这是吴玉泉在引导儿子向自己设定的路上靠拢。正因为受父亲的影响，他对电动机之类的机械产生了浓厚的兴趣。

大学毕业后，在父亲的安排下，吴向荣低调入职杭州富春江水电设备有限公司。公司规模虽然不大，但小有小的好处，他可以学到更多的东西。如果去大公司，也许一辈子就做一件工作。在这里，只要努力，就可以学到企业管理的全面知识。

此时的杭州富春江水电设备有限公司，在进军小水电这条路上已跨出了维修、扩容改造两大步，到此收步也不为过。但是，吴玉泉总感觉作为水电设备企业，不能制造水轮发电机组总是个缺陷，也有愧于"水电设备"这个名称。再说，逆水行舟，不进则退。企业要发展，必须继续前行、继续创业。现在，儿子已完成学业，可以全身心地协助自己了，吴玉泉准备向制造业发展。制造毕竟不同于修理，起码还得有设计技能，掌握水轮发电机组的设计技术。

当然，要靠自己去学习已不现实。儿子接上来了，设计的重任就要由他来担负了。

2008年6月，初夏的那一天，在父亲的陪同下，吴向荣便去设在滨江的杭州长河发电设备有限公司报到，开始了他的学徒生涯。他所需要学习的，主要是发电机和水轮机的设计。

学习设计，先要学习理论，只有理论知识扎实了，然后才能理论联系实际，进行实践。下班后，吴向荣回到宿舍就捧起《水轮发电机设计与计算》《水轮机设计手册》等书，挑灯夜战，认真学习。对书中的插图，他特别注意一些关键的地方，比如水轮机流道、水轮机木模等。

　　水轮发电机组的制图用图纸确切表示机械的结构形状、尺寸大小，以及技术上的要求。图纸由图形、符号、文字和数字等组成。产品设计过程是一个复杂的创造活动。

　　吴向荣跟着师傅画图纸，图纸线条不能相差分毫，因此，计算要非常精密。水轮发电机组的扩容、制造都要先计算数据，如发电机电磁参数、运行时温度、励磁电压、效率等参数。

　　电磁的计算很难看懂，更不要说理解了。有人说，发电机设计最难的就是电磁计算，没有师傅指点，就是搞个三五年，可能也还算不出来，这是核心技术呀。

　　吴向荣便向师傅请教，一边听、一边记。计算，可以用电脑完成，但师傅要求很严，要他先按照《水轮发电机设计与计算》一书中的公式用笔计算。师傅说，通过自己一步步笔算，就能加深印象、加深理解、记得牢，程序懂了，再用电脑操作，才会心中有数。

　　吴向荣记住师傅的话，老老实实地坐下来，一个数据一个数据地用笔计算，尽管麻烦，但印在了脑子里。

　　杭州长河发电设备有限公司承接了41000千瓦的水轮发电机组制造业务，制造得先进行图纸设计。吴向荣也参与设计，有的零部件师傅让他独立去画图纸。

　　设计图纸完成后开始生产。吴向荣特地到车间去，看到自己画在纸上的零部件制造出实物了，心中美滋滋的，特有成就感。

　　吴向荣做事勤快，刻苦钻研技术，早上总是提前上班。有一次他清早进厂，发现财务室保险箱被撬，马上打电话报告董事长。由于报警及时，公安机关很快破了案。因这件事，杭州长河发电设备有限公司董事长还在会上对他进行表扬。

　　2010年2月，吴向荣学习结束，回到杭州富春江水电设备有限公司。经过近两年的系统学习，他在水轮发电机组设计制造上的理论水平和实践能力获得大幅度提升。

企业管理必须懂产品的性能、结构。说句通俗的话，就是要有这方面的技术。否则，以后布置任务、洽谈业务时说出外行话，不但会影响自己的声誉，也给业务的接洽带来麻烦。

回到公司，吴向荣从普通工人做起，一开始做维修工作，整天和机器打交道，身上粘着油污。一段时间下来，对水轮发电机组的结构更是滚瓜烂熟。接着，他换岗做设计员。在杭州富春江水电设备有限公司，吴向荣先后担任车间技术员、车间主任助理、车间副主任、总经理助理、副总经理等职。2014 年，他开始担任总经理职务，全面担负起公司的管理工作。当然，父亲是

吴向荣在车间劳动（2017 年）

董事长，把握着公司总的、大的方向，他还能够背靠大树。

洽谈业务，一开始是由父亲吴玉泉带着去的，对于双方关系比较融洽的水电站，吴玉泉有意让儿子先谈，因为大家都熟悉，即使说错了问题也不大。生意场上来不得半点马虎，吴向荣就得预先进行思考。吴玉泉这样做，是从中培养儿子独立承接业务的能力。

2013 年 6 月 19 日，时任副总经理的吴向荣，和他的团队一行4 人，奔赴合肥市参加安徽省水电基本建设管理局召开的"水电增

2015 年 11 月，吴向荣赴宁波参加"能源行业小水电机组标准化技术委员会
2015 年年会暨标准审查会"

效扩容改造项目设备供需双方见面会"。有 27 家水电站、15 家设备生产企业到会。吴向荣在大会上发言，除了介绍自己的企业，还谈了水轮发电机组使用时出现的一些常见问题，比如哪些地方容易损坏、碰到问题如何解决等。这些，在供需会上一般生产制造企业是避而不谈的。吴向荣的讲话引起与会水电站人员的关注，会后纷纷与杭州富春江水电设备有限公司代表团交流，洽谈业务。

每接一项业务，吴向荣都要去对方单位跑好多趟，如武义县宣平三级电站改造扩容，拆卸水轮发电机组，从装运到富阳技改，改造后送去安装，他都亲自前往。安装时，对每个螺丝都要再仔细认真地检查一遍，以防松动。如果等到装好后再发现问题就麻烦了。安装完毕，试运行发电，还得联系有关厂家。因为电站扩容改造，除了主机水轮发电机组是杭州富春江水电设备有限公司生产的，还有辅机设备，如调速机、阀门、励磁设备、控制设备、监控保护设备等，这些都是由另外的厂家制造的，这些厂的技术人员也需要到场。否则，某件辅机设备出现问题，主机制造企业自然无法解决，这会影响整个发电设备的按时使用。

为增强管理方面的知识，吴向荣参加广州中山大学举办的"新生代企业家工商管理高级研修班"、浙江省承装（修、试）电力设施许可管理业务培训等培训班学习。

吴向荣赴浙江省水利水电勘测设计院，参加丽水缙云县潜明电站水轮发电机组生产制造项目第二次设计联络会（2017年）

2015年10月12日，浙江省人力资源和社会保障厅、浙江省科技厅，组织24人的"金蓝领"高能技术人才代表团，赴德国参加为期3周的技术培训和技术交流，吴向荣随团参加。通过模具设计与制造培训、现场参观，感受到了德国工人对技术的严谨，以及讲道德、守纪律、讲整洁、守时间的优秀品质。他还学到了德国"企业与职业学院合作"的双元制职业教育模式，这些都已成为杭州富春江水电设备有限公司的发展理念。

吴向荣积极发挥自身技能开发新产品，他带领团队研发制造水轮发电机的无刷励磁机等。为全国各地800多家水电站编制了技术可行性分析报告；为200多座水电站300多台套机组进行了增效扩容技术改造，新增发电量8000万千瓦·时，相当于新装机28000千瓦/年；为省内热电厂、供水厂、水泥厂、钢铁厂、造纸厂、化工厂、电缆厂等30多家企业的数十台6000伏级电动机改压至10000伏级电动机。为100多家企业进行电平衡试验并提出整改意见，在节能减排方面做出了较大的贡献。

2015 年 10 月，吴向荣赴德国参加"模具设计与制造高技能人才培训班"

随着国家"一带一路"倡议的进一步推进，我国的水电设备企业加大了海外水电业务市场的开拓，竞争激烈。杭州富春江水电设备有限公司也承接了为越南、萨摩亚等国家水轮发电机组制造的业务。

出口的水轮发电机组制造要求特别高，不管什么原因，交货必须按期，如果延迟，不但影响声誉，罚金也是非常厉害的。还有产品质量，国内出现小问题，还可派人去解决，而国外鞭长莫及，去处理就没有那么简单了。有的国家修理时连一些小零件也很难采购到，如果安装时一颗螺丝坏了，也会带来想象不到的困难。因此，为越南北强电站制造的水轮发电机组，螺丝螺帽都得另外再作配备，比所需量增加 5% 左右。

杭州富春江水电设备有限公司有两个主要车间，精加工车间通过车床、刨床、镗床、钻床、磨床对结构件进行精加工；电气车间则是绕线圈、嵌线、定转子维修，涉及电气方面。

吴向荣参与研发的科技项目《通过真空压力浸漆制造电机定子线圈的制作工艺》等2项，获国家发明专利；《一种水轮发电机降噪音装置》等9项，获国家实用新型专利。发明专利的取得，将有利于发挥公司自主知识产权技术优势，完善知识产权保护体系，增强公司的核心竞争力。

根据实践经验，他和同事一起撰写了《螺滩水库拦河大坝改造方案》《弧形闸门焊接和拼装工艺》《热喷涂技术在推力头内孔磨损修复中的应用》等6篇论文，发表于《小水电》杂志。

国家对需要在全国范围内统一的技术要求制定国家标准。国家标准由国家标准化管理委员会组织人员编制，经审批后发布。

吴向荣参与起草《小型水电站机电设备报废条件》国家标准1项，《小水电机组无刷励磁技术条件》《小型水轮发电机产品质量控制规范》《小水电机组电气试验规程》行业标准3项。

他参与的"中小型水电站水轮发电机增容技术开发及应用"项目，获富阳市科技进步奖三等奖。

吴向荣工作繁忙，除了生产经营，业务单位、有关部门组织的参观水电博物馆，他也得陪同甚至讲解。

他通过讲课、车间实习等方式，培养技术人才，对外地来学习的水电方面的学员，亲自给他们上课。在公司内，已培养电机技术改造方面人才30多名，其中技师2名、高级工10名、中级工6名、初级工5名。

他热心公益事业，工作之余，利用自己的专长，经常性地带领技术人员去敬老院、老年活动场所等地帮助修理电器。还组织联系

2017 年 1 月 3 日，吴向荣为富春街道敬老院修理电扇

专家医生为家乡村民免费诊疗。参加 G20 护航活动，带队到交通要道对违规行为进行劝导。

2016 年 12 月 14 日，富阳区政协科协界别考察组来杭州富春江水电设备有限公司，对吴向荣的政协委员提名工作进行了考察。2017 年 2 月 5 日至 9 日，吴向荣参加了富阳区政协九届一次会议，成为富阳区政协九届委员。

2018 年 9 月 5 日上午，杭州市人力资源和社会保障局来到杭州富春江水电设备有限公司，对杭州市级的"吴向荣维修电工技能大师工作室"进行考核。11 月 12 日，工作室正式批准。在杭州市职业技能培训指导中心、每日商报社联合出品的《匠心如琢——杭州市技能大师百人风采录》一书中，吴玉泉、吴向荣同时被录入，父亲国家级，儿子市级，同为技能大师工作室领衔大师的，在富阳只有他们父子俩。

吴向荣还被浙江同济科技职业学院聘为高级工程师，被杭州轻工技师学院聘请为机电类专业建设指导委员会委员。

盖有非常之功，必待非常之人。2019 年 9 月 19 日下午，富阳区召开第二届人才群英大会，表彰为富阳做出突出贡献的优秀人

吴向荣获富阳区十佳金蓝领奖（2019 年）

才。吴向荣获"十佳金蓝领"荣誉称号，富阳区领导出席并为获奖者颁奖。

大会现场，十佳系列人才代表一起朗诵诗歌《和富阳共成长》，并向全区人才发出倡议，做理想初心的坚守者，做开拓创新的引领者，做甘于奉献的奋斗者，主动把自己的命运同富阳的发展紧密联系在一起，以奋斗者最美的姿态绘就"百里富春山居图"。大会在《我们众志成城》的歌声中落幕。

吴向荣还入选浙江省"百千万"高技能领军人才培养工程第三层次"优秀技能人才"。这是经过单位推荐申报、资格审查、专家评议等程序后遴选出来的。

吴向荣被选为浙江省新生代企业家联谊会理事、杭州青年科技工作者协会理事。

吴向荣妻子丁玉琴和女儿吴铭洋

吴向荣的成功，离不开他妻子丁玉琴的相助。丁玉琴，1986 年 5 月出生，浙江省湖州市南浔区练市镇人。2008 年 6 月，毕业于浙江交通职业技术学院机电一体化专业。2012 年年初，进杭州富春江水电设备有限公司工作。2013 年 1 月，和吴向荣结婚。她的加入，为公司的发展注入了新的力量。她积极参与技术攻关工作，和同事一起，发明了定位销子的专用拔起工具、脚蹬锻炼式发电机等；还和他人共同撰写了《跋山水库电站水轮发电机组增效扩容改造》《中小型水电站水轮发电机增容技术》《弧形闸门焊接和拼装工艺》等论文，在水利部农村电气化研究所、中国水力发电工程学会主办的《小水电》等杂志发表。丁玉琴已获得助理工程师职称，担任公司工会主席、办公室主任，兼任财务出纳。

随着年龄的增长，吴玉泉在企业管理中慢慢地退下来了，管的事情逐渐减少，他把吴向荣推到了企业管理、承接业务的前列。

父辈创业，从无到有，成就巨大。二代创业者，局外人认为，有车有房，又有父辈为他们打下的坚实基础，风光无限。其实，他

们的内心可能比常人有更大的
压力。不想被人看作是寄生的
一代，就得不安于现状。他们
清楚，如果只是守业，肯定是
难以守住的。俗话说，创业难，
守业更难。因为守业，必须保
住自己的品牌，这就要在稳定

吴向荣技能大师工作室牌子（2018 年）

中不断创新，不然会被别人挤下去。再则，还要迎战半路杀出的竞
争者。

如果没有创业的心理素质，很难适应外部环境的巨大变化。所
以，即便是选择守业，也一定要具备创业的心态，带入一些新的理
念，让公司的优势发挥到极致，适应企业的发展。

两代人的经营理念有差异是正常的。每当发生分歧时，面对从
小就崇拜的父亲，吴向荣总会和父亲好好地商量，尽量倾听父亲的
意见。毕竟是父子，心意相通，沟通也比较容易。

创业路上，父子传承，始终不变的是对诚信经营的坚守。从企
业家的精神层面来讲，就是要做一行爱一行。并不是说只想通过这
个行业获取多少利润，而是要去发挥它的社会价值。

后　记

2019年的春节刚过，富阳区委宣传部、社科联组织人员参观富春江水电设备陈列馆，我也去了。座谈会上，大家觉得公司董事长，浙江省、杭州市、富阳区工匠吴玉泉的事迹非常感人，应该写一本书。后来，这任务落到了我的身上。

其实，工匠吴玉泉我早就认识了。2016年，他们布置水电设备陈列馆，需要民间工匠的照片。当时，我正在采写富阳的老手艺人，也拍了一些老手艺匠的照片。姚太谟老师知道我手头有这方面的照片，就打电话给我，我挑了几幅发给他们。这是一件极其平常的事，我也没有当回事儿。到了8月中旬，姚老师告诉我，吴玉泉要请我去吃饭，还一再强调，一定要去的。盛情难却，我只有赴宴了。见到了常在报纸、电视上看到的吴玉泉。

吴玉泉，男，1955年9月出生，汉族，中共党员，东洲街道民联村人。在创业之路中，把诚信当作企业根本，把品质当作企业生命，把客户当作企业源泉，把员工当作企业财富，因此，使一家作坊式的家庭工厂，成为在行业中有一定知名度的杭州富春江水电设备有限公司。他还获得全国技术能手、水利部大禹杯二等奖、浙江省钱江技能大奖、浙江省五一劳动奖章、杭州市劳动模范、浙江省首席技师、杭州市首席技师、富阳区十佳优秀发明人、富阳区杰出人才等荣誉，几乎同一时间，获得富阳工匠、杭州工匠、浙江工匠，区、市、省三级工匠的称号。他领衔的技能大师工作室，还被评定为国家级，这是富阳的唯一。因技术获得这么多荣誉的人，在我们富阳可能并不多。

吴玉泉取得的成就叫人难以想象。杜成敏老师在《吴玉泉：凤凰涅槃，成就中小电站行业"大佬"》一文中写道：如果一场大火烧毁了你的全部家当，还烧伤了你全身80%的皮肤，你的双手基本残疾，你还能乐观坚强吗？吴玉泉，不仅乐观坚强，他还用被严重烧伤的双手，创造出一个个奇迹，创办的杭州富春江水电设备有限公司，蒸蒸日上。

在吴玉泉的身上我们看到了工匠精神。工匠精神，代表着精益求精、精雕细琢的态度，体现了心无旁骛、心如止水的境界。千锤方成器，百载有余温。正因为他们坚持不懈，技术难关才能攻破；正因为他们敢于创新，企业发展、城市生活才能日新月异；正因为他们一丝不苟，大国品质才能在细微处见真章，成为新时代的宝贵财富。

这样的人，应该宣传，更应该写一本书。2019年5月，我进入了采访、搜集资料阶段。以前，我也写过一些单篇的报告文学，采访企业家是件非常困难的事，尤其在时间上很难安排，因为他们实在太忙了。采访工匠吴玉泉也是如此，有时刚刚开了个头，有人来找他了，企业中有的事情需要他定夺，我不得不放下手中的笔。还有不时打来的电话，导致采访常常被打断。一本书的材料，毕竟不是一篇文章，一两次采访便可以完成。吴玉泉上午7点多接我去他们公司，到达后，他要到各个车间转一下，起码花费一个多小时，采访中间还插进电话及汇报工作的，一个上午，实际用在采访上只有不到两个小时。后来，他把采访安排在非上班时间，但也没有整块儿的，傍晚，他下班后，还要到车间去看看，吃好晚饭，往往七八点了，在这两三个小时里，仍有打进电话及找上门来的人。星期天，虽然是厂休日，但有时要赶产品工期，还得他到场，对他来说休息日并不存在。他还要到外地水电站评估水轮发电机组，参加一些行业性的会议，少则三五天，多则十天半个月。除了公司的事，他还有一个又一个的社会活动，三百六十五天，他几乎没有空闲。

为了采访时有的放矢，我根据他提供的资料，定下章节，对每节需要采访的内容列出提纲，每次采访两三节，回来后撰写。在写作中，对每节需要补充的，再一条条列出，简单的通过微信，大多数还需要再作面对面的交谈。吴玉泉见缝插针地安排时间，终于使我完成了采访工作。

杭州富春江水电设备有限公司成立于 20 世纪 80 年代。位于杭州市郊富春江畔东洲街道大岭山路 228 号，占地面积 25000 多平方米，建筑面积 15000 多平方米。有职工 120 多人，其中工程技术人员 35 名。是一家从事水轮发电机组成套设备制造、中小型水电站发电机组增效扩容改造的专业厂家。为浙江省科学技术厅认定的科技型中小企业和省级民营科技开发机构，国家高新技术企业。他们以专业的团队、精良的设备，为全国各地的水电站和电机用户提供了优质的产品，专业、及时的技术服务，赢得了广大用户的赞誉和好评。吴玉泉把水轮发电机组这件事当作事业来做，他取得的成绩是一步步走出来的。

作为既是工匠又是民营企业家的吴玉泉，在抓好企业发展的同时，抽出时间为社会服务，如创办科普教育基地、培养工业科技人才和"水电工匠"，并为广大青少年增长科技知识提供科普服务，这种精神是难能可贵的。

书中，同一地方名称多有变动，为便于了解，根据《浙江省富阳县地名志》(1982 年 9 月版)、《杭州市富阳区地名志》(2017 年 10 月版)，将境域变迁作简单说明。外浮沙、里浮沙一带原属杭县周浦乡。1950 年 6 月 23 日，浮沙、紫铜村划入富阳县，与原东洲乡联合、胜利、新建三村并建富杭乡。1956 年 3 月，富杭乡和梧凤乡合并为江丰乡。1958 年 10 月，江丰乡与三联乡、新民乡合并，建东洲公社。1981 年 11 月，东洲公社进行调整，一分为三，原江丰乡为江丰公社，以乡得名。1984 年 3 月，撤社恢复江丰乡。1992 年 5 月，三乡并入富阳镇，各乡设办事处。2001 年 8 月 26 日，撤富阳镇，本境三个办事处并建东洲街道。

在撰写过程中，参阅了陆桂云、姚太谟、杜成敏、许江、蒿俊海、陈蓓燕等老师撰写的《富春江畔的"马达"神医》《从放映员到电机修理专家》等文章，东洲街道民联村村民张关铨、吴庆有提供了吴家祖辈及民联村特别是里浮沙村的一些历史情况，徐迅雷老师对全书进行审阅与指导，陈前荣老师对专业词句的解释，在此，一并表示感谢。

由于精力、水平有限，特别是作者缺乏相应的水电专业知识，加上时间仓促，不足之处，敬请读者不吝指正。

陈志荣

2020 年 12 月